株式投資

―理論と実際―

佐々木 浩二〔著〕

三恵社

はじめに

S&P Dow Jones Indices の会長を務めた Blitzer 氏は、著書の序文に次のように記しています。

「20 世紀の中ごろの一時期だけ、政府ないし会社がすべて面倒を見てくれ、退職金も払ってくれると考えられていた。しかし、20 世紀末になると、自分が望む快適さと財産を合わせもって退職するには、自分で自分の面倒を見ざるを得ないことがはっきりした。そして私たちは投資家になったのだ」*1

政府や会社に頼れなくなっているのは日本も同じですので、私たちも投資家となって資産を形成してゆかなければなりません*2。資産形成を考えるとき、株式は欠かせない金融商品です。しかし、株式に投資することの評判は必ずしも芳しくありません。株式投資する人をみて「濡れ手で粟の大儲けをしている」、「何かあやしい」と感じる人も少なくないのではないでしょうか。

本書は、必要と評判の隔たりで見えにくくなっている株式投資の実像を映し出すことを目的としています。第 1 部では株式のしくみを、第 2 部では株式投資の理論を、第 3 部では株式投資の実際を扱います。確信と疑念、強気と弱気、利益と損失が交錯する株式投資の世界で生存しつづけるための指針を、1 つでも提供できればと考えています。

本書は特定の金融商品や投資手法を勧めるものではありません。くれぐれも自らの責任で投資していただくようお願いいたします。また、本書で紹介する事例は投資の実情を伝えることを目的としており、関係者各位への意見を含まないことを申し添えます*3。

少部数にも関わらず出版の機会を頂いた三恵社の木全俊輔氏に心より感謝申し上げます。本書に残された不備の全ては筆者に帰します*4。

令和 6 年大暑の候

*1 Blitzer, David M. 著, 伊豆村房一・内誠一郎訳『株価指数の徹底活用術』東洋経済新報社, 2004 年, p.xi から引用。

*2 金融庁ウェブサイト, 新しい NISA によれば、2024 年に始まった「新しい NISA」は非課税保有期間の無期限化、口座開設期間の恒久化、年間投資枠の拡大などを柱とする。

*3 学者はいついかなるときも主権者の代理人であることを肝に銘じている。

*4 本書の前版は創成社にて出版をいただいた。諸般の事情により、本版は三恵社にお願いすることとなった。前版にて大変お世話になり、また本版で他社での出版をご寛恕いただいた創成社の西田徹氏に衷心より謝意を表する。

目次

I

株式投資の基礎

Quotes

「ロンドンの王立取引所にあなたも入ってごらんなさい。そこは裁判所などよりも、はるかに尊ばれるべき場所である。あなたがそこで目にするのは、あらゆる国の代表者たちが人類の利益のために寄り集まっている光景だ。そこではユダヤ教徒、マホメット教徒、キリスト教徒があたかもみんな同じ宗派であるかのように、たがいに取引をおこなっている」(Voltaire 著, 斉藤悦則訳『哲学書簡』光文社, 2017 年, p.57)

「旧式の非公開企業に投資することは、社会全体のみならず個人にとっても、事実上取り消すことができない決断であった。しかし、今日ひろくみられる所有と経営の分離と、整備された投資市場の発展とによって、時に投資を促し、時にシステムの不安定性を大いに高めるきわめて重要な新しい要素が入り込んできている。証券市場がなければ、コミットした投資物件の再評価を頻繁に試みる術はない」(Keynes, John Maynard, 1936, The General Theory of Employment, Interest and Money, in The Collected Writings of John Maynard Keynes, Ⅶ, 2013, Cambridge University Press, pp.150–151；訳文は筆者)

「光は真空中を毎秒二九万九七九二キロメートルの速さで移動する。別の言いかたをすれば、一ミリ秒で二九九・八キロメートルだ。ケーブル内では光は壁に当たったりするので、速さは理論上の数値の三分の二ほどに抑えられるが、それでも相当な速さだ。信号の速さにとってのいちばんの敵は、信号が移動しなければならない距離だった。」「ローナンはバウンティフルのコンピューターをカンザスシティーからナトリーにあるラディアンスのデータセンターへ移し、売買の結果がわかるまでの時間を四三ミリ秒から三・八ミリ秒へ縮めた」(Lewis, Michael 著, 渡会圭子・東江一紀訳『フラッシュ・ボーイズ —10 億分の一秒の男たち—』文藝春秋, 2019 年, pp.99–100)

1　株式とは

本章では、本書で投資することを考える株式について概観します。

1.1　株式会社

日々の生活の中で、私たちは買い物をしたり、電車やバスに乗ったり、スマートフォンのサービスを利用したりしています。これらの財貨やサービスの多くは、株式会社が提供しています。

図表 1–1 は株式会社の例です。私たちが買い物をするイオンモール、セブンイレブン、髙島屋は株式会社が運営しています。通勤や通学に利用する鉄道やバスの多くは株式会社が運営しています。インターネットの接続サービスを提供しているのも、検索サイトを運営しているのも、オンライン決済サービスを提供しているのも株式会社です。株式会社は生活を豊かに、便利に、楽しくする財貨やサービスを社会に提供しています。

買い物	旅客サービス	ネットサービス
イオン	小田急電鉄	日本電信電話
セブン&アイ	東海旅客鉄道	カカクコム
髙島屋	西日本鉄道	GMO

図表 1–1　株式会社の例

図表 1–2 は働く場と働く人の数を組織形態別に表しています。事業所数を表す左図をみると、株式会社・有限会社・相互会社が最も多く、294 万事業所あることがわかります。雇用者数を表す右図をみても、やはり株式会社・有限会社・相互会社に勤めている人が最多で 4,369 万人にのぼっています。働く場としても、株式会社は重要な地位を占めています。

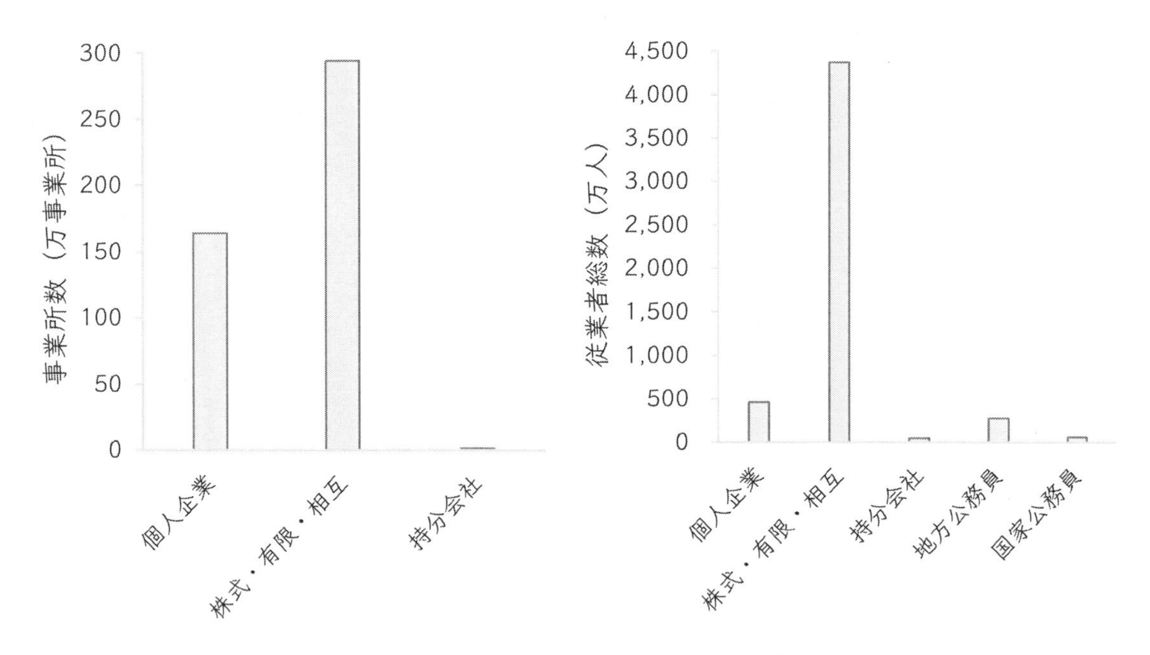

図表 1–2　働く場としての株式会社*1

株式は「あやしげなもの」、株式投資は「濡れ手で粟の大儲けを目論む人がやるもの」と感じる人もいるかもしれません。しかし、株式会社は生活に欠かせない財貨やサービスを私たちに提供し、多くの人に働く場を提供しています。株式は、社会的意義のある株式会社を生み出し、育てるための重要な道具なのです。

1.2　株主の権利

株式会社に出資して、株式を保有する人を株主といいます。株主になるとどのような権利が得られるのでしょうか。

株主の権利には、図表 1–3 が示すように、自益権と共益権があります。自益権には剰余金配当請求権や残余財産分配請求権などがあります。剰余金配当請求権とは、会社がこれまで得た利益の

*1 総務省統計局, 令和 3 年経済センサス–活動調査、人事院（2022）からデータを取得し作成。株式会社単独のデータは公表されていないが、有限会社は会社法上株式会社とみなされ（会社法の施行に伴う関係法律の整備等に関する法律 2 条)、相互会社は保険会社にごく少数みられる形態であることから（保険業法 2 条)、「株式・有限・相互」の分類は株式会社の概況を表すと考えられる。

株式会社と持分会社については佐々木（2016,pp.100–102）を、個人企業については中村・髙倉（2023）を参照。国税庁 長官官房企画課（2023）によると、株式会社は 261 万 3 千社、合名会社は 3 千社、合資会社は 1 万 2 千社、合同会社は 16 万社である。江頭（2015,p.3）によると、国税庁統計は事業所を持たない企業を含む。

一部を配当として受け取る権利です。残余財産分配請求権とは、会社が解散するときに資産の余りがあれば、それを受け取る権利です。投資家はこれらの経済的メリットを得るために株主になります。共益権には議決権や違法行為の差止請求権などがあります。議決権とは、会社の運営を担う取締役を選んだり、配当の額を決めたりする株主総会の議決に参加する権利です。違法行為の差止請求権とは、会社が違法なビジネスに手を染めようとするのを止める権利です。投資家はこれらの社会的メリットを得るためにも株主になります。

株主の権利の大きさは、保有する株式の数によって決まります。株式を多く保有する株主の権利は大きく、株式を少しだけ保有する株主の権利は小さくなります。会社から配当を多く得たい人や、会社の運営方針に影響を与えたい人は株式を多く保有する必要があります。

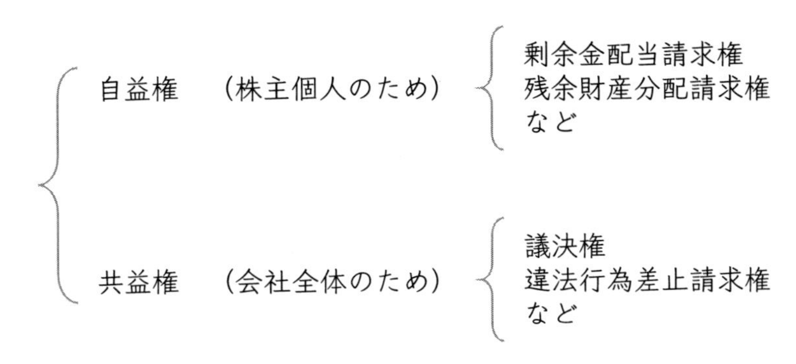

図表 1–3　株主の権利[*2]

株主の権利を行使するには、あらかじめ定められた基準日までに株主になる必要があります。株式の決済にかかる手続きは複雑なため、売買契約を結んでから株式を手に入れるまで 2 営業日を要します[*3]。したがって、基準日に株主であるためには、基準日の 2 営業日前に設定される権利付売買最終日までに売買契約を結ばなくてはなりません。図表 1–4 は、権利付売買最終日と基準日のあいだに休日や祝日が入らないときの日程を表しています。あいだに休日や祝日が入るときには、基準日の 3 日前、4 日前が権利付売買最終日になることもあります。

基準日に株主が取得する権利の有効期限は 3 か月とされています。それで、支払われる配当の額を決めたり、取締役を選んだりする株主総会は基準日から 3 か月以内に開かれます。6 月下旬に株主総会が集中するのは、3 月を決算月とする会社の多くが 3 月末に基準日を設定するためです。

---

*2 会社法 105 条、295 条、309 条、360 条、422 条、453 条、454 条を参照して作成。単元株式数を定款に定める株式会社で議決権を得るには単元株式数分の株式を保有しなければならない。会社法 188 条から 191 条と 308 条、会社法施行規則 34 条を参照。

*3 東京証券取引所は 2019 年 7 月 16 日約定分から T+2 決済に移行した（日本証券業協会他,2019)。株式売買の決済については佐々木（2016）の第 12 章を参照。なお、佐々木（2016）は 2025 年春に改訂版が出る予定である。

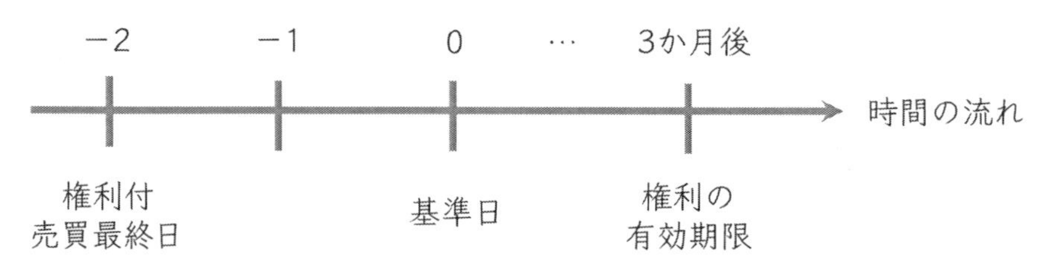

図表 1–4　基準日*4

1.3　株式の譲渡

株主が出資した額は、債権者を守るために会社に蓄積されます。図表 1–5 の左図のように、出資金（資本金）30 億円と銀行借入（負債）20 億円で事業を営む株式会社があるとしましょう。この会社が 10 億円の損失を出すと、資産と資本金は 10 億円ずつ減ります。このとき、30 億円出資した株主は 10 億円を失いますが、20 億円を貸している銀行には直接の影響が及びません。資本金は債権者を守るクッションの役割を果たしています。

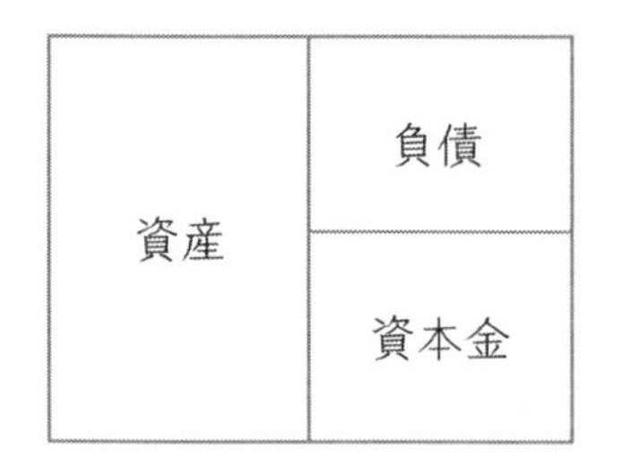

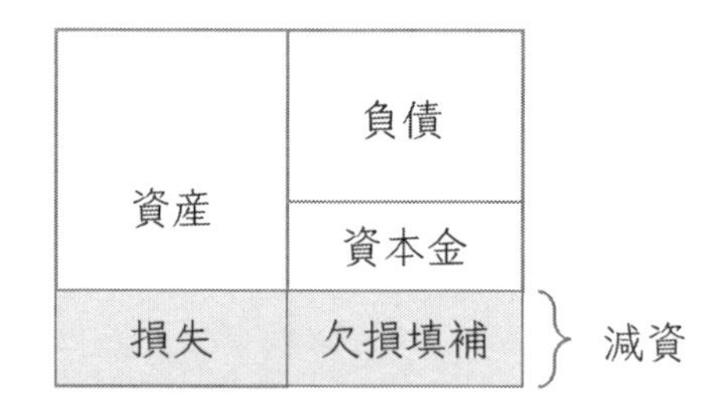

図表 1–5　債権者保護のための資本金*5

債権者を守るため、出資金は株主に返還されません。しかし、出資金を現金化する方法がまったくないと、株式に投資しづらくなります。この問題を解消するために、会社法は譲渡という株式の換金方法を用意しています。譲渡とは株式を売ることです*6。

株式を売るのはそれほど簡単ではありません。日常的に購入する商品であれば、買い手に「どれくらいのものがいくらか」という相場観がありますが、多くの人にとって株式は日常的に買うもの

---

*4 会社法 124 条を参考に作成。株式分割等の権利を得る株主も同様の日程で決まる。

*5 会社法 447 条から 449 条、会社法 309 条 2 項 9 号のロ、会社法施行規則 68 条を参照して作成。本書の文脈にあうように有償減資を単純化して図示した。詳細は会計学の専門書を参照のこと。

*6 会社法 127 条、民法 466 条と 555 条を参照。森訳（2014,p.261）に「経営者は蓄積された利潤をこのように企業内に留めおくことができ、後順位証券の所有者にたいしては、価値上昇を実現したければ公開市場に赴くしかないように仕向ける」とある。森訳（2014）の第 8 章も参照。

ではないため、その値打ちを推し量ることが困難です。加えて、「売り手が信用できるか」「会社の経営実態はどうか」など疑心がよぎり、なかなか株式の購入に踏み切れません。株式を譲渡しやすくするには、こうした心配を減らし、株式の売り手と買い手が安心して出会える取引の場が必要です。この必要を満たすのが金融商品取引所です。株式を取引する金融商品取引所には、日本取引所傘下の東京証券取引所、札幌証券取引所、名古屋証券取引所、福岡証券取引所があります*7。

取引所で株式を売買できるようにすることを上場といいます。取引所は、形式と実質の両面から上場を希望する会社を審査します。形式については株主数、日常的に売買される株式の比率、時価総額、事業継続年数、純資産の額などをみます。実質については企業経営、内部管理体制、情報開示などに取り組む会社の姿勢をみます。

東京証券取引所は、上場基準の厳しさによって、上場会社をプライム、スタンダード、グロース、Tokyo Pro Market という市場区分に分類しています。図表 1–6 に掲げた各市場区分の形式基準をみると、プライムの基準は厳しく、グロースの基準は緩やかであることがわかります。

	プライム	スタンダード	グロース
株主数	800 人以上	400 人以上	150 人以上
流通株式比率	35% 以上	25% 以上	25% 以上
流通株式時価総額	100 億円以上	10 億円以上	5 億円以上
事業継続年数	3 年以上	3 年以上	1 年以上
純資産の額	50 億円以上	0 円以上	—

図表 1–6　東京証券取引所の上場審査基準*8

*7 金融商品取引法 80 条から 83 条の 2 を参照。大阪取引所と東京金融取引所では派生証券が、東京商品取引所と堂島取引所では商品先物が取引されている。株式会社日本取引所グループ（2017,p.119）によれば、東京証券取引所の前身である東京株式取引所は 1878 年 5 月 22 日に設立免許が交付された。

*8 日本取引所グループ, 上場審査基準の表から抜粋して作成。詳細は金融商品取引法 121 条と 122 条、日本取引所グループ, 上場審査基準、株式会社東京証券取引所（2023a, 2023b, 2023c）を参照。日本取引所グループ, 市場区分の見直しに関するフォローアップ会議も参照。自主規制法人については金融商品取引法 84 条と 85 条、102 条の 2 から 102 条の 39 を参照。Tokyo Pro Market については割愛する。

日本取引所グループ, 市場構造の見直し によれば、東京証券取引所は「2022 年 4 月 4 日に、旧市場区分（市場第一部、市場第二部、マザーズ及び JASDAQ）を、プライム市場・スタンダード市場・グロース市場の 3 つの新しい市場区分へと再編」した。当初は厳選された少数の会社のみをプライム市場に区分する目論見であったが、上場会社から「信用上の問題が発生する」等の指摘を受け、1,500 を超える会社をプライム市場に区分することとなった。これに対して投資家やメディアからの批判が強い。研究者としても、これまで定点観測できていた統計が切断され、不便を感じている。今思うに、東証一部、二部の区分はそのままに、TOPIX Core30 をダウ工業 30 種に見立て、Core30 からさらに厳選した数社を GAFA に見立てれば混乱なく世界の投資家にアピールできたと思われる。日本取引所グループ, 市場区分の見直しに関するフォローアップ の各種資料や議事資料も参照。

図表 1–7 は各市場区分に上場している会社の例です。プライムには知名度の高い大企業が多く上場しています。スタンダードにはそれほど大きくないものの、歴史の長い会社や堅実なビジネスをしている会社が上場しています。グロースには高い成長が期待される会社が上場しています。

プライム	スタンダード	グロース
トヨタ自動車	日本マクドナルド	くすりの窓口
日本電信電話	東映アニメーション	ウェルスナビ
日立製作所	帝国ホテル	スマレジ

図表 1–7　上場会社の例[*9]

図表 1–8 は 2023 年末の上場会社数を市場区分別に表しています。上場会社数が最も多いのは東京証券取引所プライム市場です。厳しい上場基準を満たしているプライム市場上場 1,644 社は、日本の株式会社の頂点に立つ信頼性が最も高い会社です[*10]。

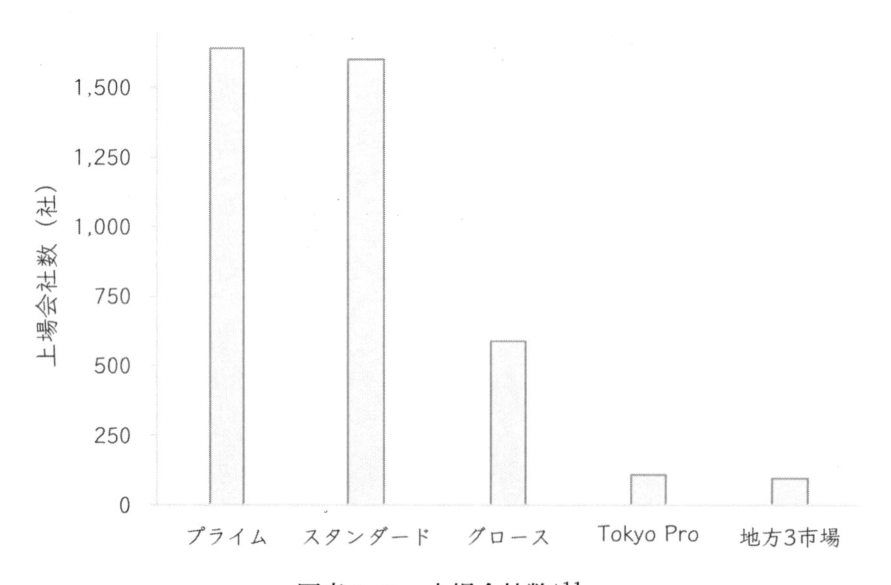

図表 1–8　上場会社数[*11]

*9 本書執筆時点で各市場区分に上場している会社を掲げた。

*10 日本取引所グループ, 上場会社情報, 上場会社数・上場株式数から、2024 年 7 月 31 日現在の上場会社数を取得。

*11 日本取引所グループ, 上場会社数から 2024 年 7 月 11 日現在のデータを、地方 3 市場のウェブサイトから 2024 年 7 月 11 日の最近日現在の単独上場会社数を取得し作成。森訳（2014,p.8）に「開かれた証券市場の利用によって、これら株式会社のそれぞれが投資大衆に対する義務を負う。その義務のために株式会社は、少数の個人の規範を表現する法的手段であったものから、少なくとも名目上は企業に資金を提供した投資家に奉仕する社会制度へと転化する。

図表 1–9 の左図は東京証券取引所の売買高を表しています。1980 年代後半のバブル期に 1 営業日あたり 10 億株であった売買高は、バブル崩壊後の 1992 年に 3 億株まで減りました。その後は 2013 年の 37 億株まで増えましたが再び減少に転じ、2022 年には 18 億株まで減りました。右図は東京証券取引所の売買代金を表しています。1980 年代後半のバブル期に 1 営業日あたり 1.3 兆円であった売買代金は、バブル崩壊後に 1992 年の 2,400 億円まで減りました。2000 年代半ばに大幅な増減を経験した後再び持ち直し、2022 年に 3.7 兆円になりました。東京証券取引所の取引は、バブル最盛期と比べて売買高で 2 倍、売買代金で 3 倍ほどになっています。

上場会社の株式は日々盛んに売買されているので、売りたいときに売ることができます。いつでも売れる市場があると、株式に投資しやすくなります。とりわけ、売買高でみても売買代金でみても大半を占めてきた第一部（現・プライム市場）上場会社の株式は売買しやすかったようです。

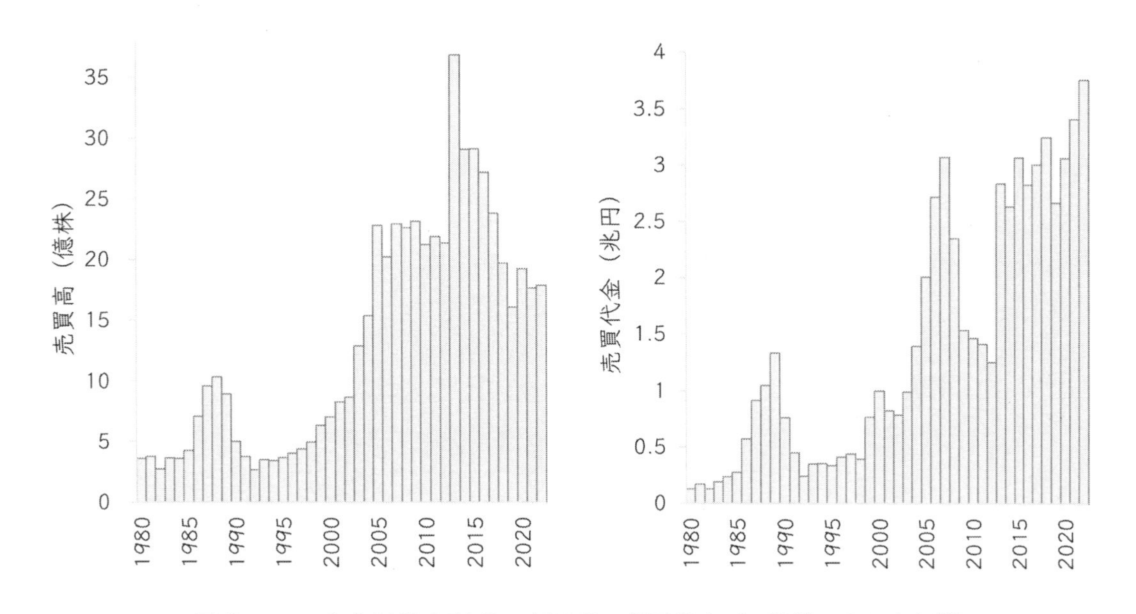

図表 1–9　東京証券取引所の売買高、売買代金（1 営業日あたり）*12

所有者、労働者、消費者、国家にたいする新しい責任が、かくして会社支配者の双肩にかかってくる」とある。

筆者が担当する科目の履修者から「日本取引所は内国株式の売買を独占しているのではないか」との指摘を受ける。この点、公正取引委員会（2012）は、東京証券取引所と大阪証券取引所の統合前から株式会社の大半が上場先として東京証券取引所を選んできたため、統合前後で競争環境は著しく変わらないことを理由に問題なしとしている。ただ、この判断から 10 年を経過した今、優越的地位が際立ってきているようにも思う。我が国において東京証券取引所は事実上唯一の資本市場であることから、事業拡大のために資本市場にアクセスしたい株式会社は、東京証券取引所に対して従属的にならざるを得ない。戦略的に上場を廃止する株式会社も散見される。独占のレトリックとして公共性を主張するのであれば、東京証券取引所の運営はできるかぎり無色透明にすべきである。

米国ではニューヨーク証券取引所と NASDAQ が激しく争っており、ニューヨーク証券取引所はインターコンチネンタル取引所というネット上の取引所グループの傘下に入っている。

*12 日本取引所グループ, 統計情報（株式関連）, 売買高・売買代金から 1 営業日あたりの平均値を取得し作成。市場区

1.4 発行市場と流通市場

株式を売買する場には、発行市場と流通市場があります。発行市場とは、新たな株式を発行して出資を募る取引の場です。投資家が株式を購入するときに払う金額は、株式を発行した会社に入金されます。会社に入金された金額は資本金などに計上されることから、発行市場で出資を募ることを増資といいます。流通市場とは、すでに発行された株式を投資家どうしで売買する取引の場です。投資家が株式を購入するときに払う金額は、株式会社に入金されません。株式を売却した投資家に入金されます。

大学で講義をしていると、「株価が上がると会社に入金されるのですか」という質問をよく受けます。流通市場で株式の価格が値上がりしても、会社に入金されません。この点はわかりにくいですが、発行市場と流通市場の違いに留意して理解しましょう。

株式ニュースに「公募・売出し」という言葉が出てくることがあります。これは、発行市場でひろく出資を募る公募をするとともに、創業者など大株主が持つ株式を流通市場で売出すことを意味します。公募をして投資家から得た出資金は会社に入金されますが、売出しで得た売却代金は、株式を売った大株主などに入金され、会社には入金されません。ペアで使われる公募と売出しは意味が異なることに注意しましょう[*13]。

	発行市場	流通市場
売却する株式	新たに発行する株式	すでにある株式
入金先	株式を発行した会社	株式を売却した人
会社の資本金	増える	変わらない

図表 1–10　発行市場と流通市場

分の再編により統計の継続性が失われたため、2022 年のデータは 60 日分のみのデータをもとにしている。値は ToSTNeT 取引分を含む。上場株式には 1 日の売買高が非常に少ないものもある。取引する前に売買高と売買代金の履歴を確認する必要がある。

[*13] 東京証券取引所, 有価証券上場規程施行規則、東京証券取引所, 上場前の公募又は売出し等に関する規則を参照。公募増資の手順については佐々木（2016）の第 10 章を参照。ここでは、売出しに自己株式の処分を含めていない。

補論　株式投資の注意点

株式投資に興味がある人に、「近いうちに上場される未公開株を買いませんか。上場したら10倍になりますよ。値上がり確実ですよ」と言って近づいてくる人がいます。未公開株とは、金融商品取引所に上場していない会社の株式のことです[*14]。売買することがとても難しいので、甘い言葉にのせられて未公開株に手を出さないようにしましょう。

冷静に考えると、投資資金が10倍になる話を私たちに持ちかける人がいるはずありません。本当に10倍になるのであれば、話を持ちかけた人がその利益を独占するはずです。株式に投資するときには、証券会社を介しましょう。

最近、Facebook、X、LINE、Instagramなど、SNSでの投資詐欺が急増しています[*15]。2023年度に国民生活センターに寄せられた相談件数は対前年比で10倍ほどになっています[*16]。2024年7月2日に警察庁が発表した「令和6年5月末におけるSNS型投資・ロマンス詐欺の認知・検挙状況等について」によれば、2024年はじめの5か月でSNS型投資詐欺の認知件数は3,049件、被害総額は430.2億円に上り、前年同期比で激増しています[*17]。

規制当局が指摘しても、ネット系の会社は対応がなおざりであることが多いです。一部始終を見ている国民の間に「業界の倫理観は一体どうなっているのか」との疑念がひろがっています[*18]。業界を挙げて詐欺撲滅に取り組まなければなりません。規制当局も注意喚起にとどまらず、目に余るものについては業務停止命令や上場廃止等、毅然とした対応をとるべきではないでしょうか[*19]。

[*14] 会社法2条は自由に譲渡できる株式がある会社を公開会社と定めている。よって、非上場の公開会社もある。ただし日常用語で非上場会社の株式を未公開株ということがある。

[*15] 金融庁（2024）、独立行政法人国民生活センター（2024）を参照。資産家の前澤友作氏やジャーナリストの池上彰氏などの画像や音声を無断で利用し、AI等で生成した若干ぎこちない映像も駆使するなど手口が巧妙化している。警視庁, 特殊詐欺対策ページ,SNS型投資詐欺によれば、被害の発端となったSNSは男性でLINE、Facebook、Instagramの順に多く、女性でInstagram、LINE、Facebookの順に多い。

[*16] 2022年度の170件（234万円）から2023年度の1,629件（687万円）へ増えた。

[*17] 被害額が1億円を超える事例は44件である。当初接触手段の51.8%がバナー等の広告であり、連絡手段の92.2%がLINEである。日本経済新聞ウェブ版2024年7月23日付の記事「SNS投資詐欺グループ拠点を一斉捜索、8人逮捕 大阪」は「2グループで計80人以上が関与していたとみられ、組織の関連性や実態の解明を進める」と報じた。

[*18] 業界人の中には「対応が大変だ」と嘯く者もいるが、巨額の被害に遭った人を前にそれを言えるのだろうか。2024年6月上旬には、任天堂株式会社の新サービスに関する未公開動画をAlphabet社（Google）の契約業者が漏洩したと報じられた。世紀が変わる頃「情報通信技術は世界を変える」と言われたが、四半世紀を経た今「社会を壊した」「人を不幸にした」という結論になりそうである。

[*19] 2024年からNISAが拡充され、投資の裾野がより広がっている。投資に不慣れな人が増えるタイミングでは、投資者保護に資する行政執行が期待される。この点、2024年6月18日に政府官邸, 犯罪対策閣僚会議が公表した「国民を詐欺から守るための総合対策」は心強い。GAFA系など、社会的な影響が大きい企業については、株式会社化を義務付け、有価証券報告書の提出を求めるべきではないか。合同会社は事実上のブラックボックスであり、収税業務の妨げにもなっている。

また、伊藤忠商事株式会社の 2024 年 7 月 3 日付お知らせ「神宮外苑再開発について」に「2023 年 10 月に「ITOCHU SDGs STUDIO」内の子供向け施設を含む 4 か所に対し、環境問題に取り組む一部の活動家による落書きがなされるという被害を受けました。一部報道によりますと既にこれらの活動家は書類送検されたとのことですが、このような悪質な行為は決して許されるものではなく、斯様な行為に対しては、当社は今後も毅然とした姿勢で臨む所存です。また、2024 年 6 月 21 日（金）に大阪にて行われました当社株主総会にて、神宮外苑再開発につきましては、その重要性に鑑み、質疑応答に先立ち十分な時間を割いて、丁寧なご説明をさせていただきました。しかしながら、質疑応答に入ると、環境活動家の方が、議長からの論点整理等のお願いにも拘わらず、長々と持論を展開されるという事態も起こりました」とあります[*20]。

昔、株主総会で奇声を発するなど迷惑行為を繰り返す総会屋という人たちがいました。四半世紀前に撲滅したはずの者が形を変えてまた出てきているようです。ここで徹底して排除しないと善良な株主の権利が守れなくなります。会社側も裏でごまかさず、小さな兆候でも治安当局にすぐ相談いただき、毅然と対応してもらいたいと思います。反社会勢力に甘すぎるので、私たち日本人は安心して暮らせなくなっていますし、日本企業も前向きに商いできなくなっています。NISA の拡充を謳うのであれば、車の両輪として、投資と事業の環境整備もすべきです[*21]。

加えて、2024 年 3 月に行われた日本銀行の政策変更[*22]をめぐり、集中豪雨的と言ってよいほどのリークがありました。平成 23 年 4 月 22 日に改正された現行の日本銀行,「金融政策に関する対外発言についての申し合わせ」には、「各金融政策決定会合の 2 営業日前（会合が 2 営業日以上にわたる場合には会合開始日の 2 営業日前）から会合終了当日の総裁記者会見終了時刻までの期間は、国会において発言する場合等を除き、金融政策及び金融経済情勢に関し、外部に対して発言しない」とあります[*23]。自ら襟を正すルールがあるのですから、遵守しなければなりません。本人たちは気づいていないようですが、投資家、主権者から大変厳しい目が注がれています[*24]。

[*20] 三井不動産株式会社も 2024 年 7 月 5 日に同様のニュースリリースをした。ネット総会屋の撲滅にも総力をあげていただきたい。SNS は今や国内外の反社会勢力の巣窟である。

[*21] 治安当局は、反社会勢力をインフルエンサーとして子飼いにしている先も調査いただきたい。2021 年夏の東京オリンピック妨害、2022 年 7 月 8 日の安倍元総理暗殺事件、2024 年 7 月の都知事選挙の騒擾、米国時間 2024 年 7 月 13 日のトランプ前大統領暗殺未遂事件など、治安当局の致命的な失態が続いている。

[*22] 日本銀行, 金融政策の枠組みの見直しについて（2024 年 3 月 19 日）を参照。

[*23] 前任の黒田総裁の時代には、このような不始末はなかった。「金融業界のリーダーの 1 人である日銀がこれくらいだから、うちはもっとゆるくてよい」と商慣行の底が抜けてしまう。実際、損害保険会社、銀行、証券会社の不祥事が相次いで報じられている。2 営業日前からのブラックアウトはいかにも短い。主要国の実務では、1 週間から 2 週間の期間を取ることが多いようである。ブラックアウト期間は 1 週間から 10 日にすべきであろう。

[*24] メディアには全上場会社の機微情報、政府要人による内々の発言などインサイダー情報が集まる。李下に冠を正さずということわざがあるが、重大な社会的責任を果たしていただきたい。

Reference

- 江頭憲治郎『株式会社法』第 6 版, 有斐閣, 2015 年。
- 株式会社東京証券取引所『2023 新規上場ガイドブック（プライム市場編)』2023 年 (a)。
- 株式会社東京証券取引所『2023 新規上場ガイドブック（スタンダード市場編)』2023 年 (b)。
- 株式会社東京証券取引所『2023 新規上場ガイドブック（グロース市場編)』2023 年 (c)。
- 株式会社日本取引所グループ・鹿島茂監修『日本経済の心臓　証券市場誕生！』集英社, 2017 年。
- 金融庁『ＳＮＳ・マッチングアプリ等で知り合った者や著名人を騙る者からの投資勧誘等にご注意ください！』2024 年。
- 公正取引委員会, 企業統合, 公表事例において措置の実施を前提として問題なしと判断した事例, 平成 24 年度事例 10, （株）東京証券取引所グループと（株）大阪証券取引所の統合, 2012 年。
- 国税庁 長官官房企画課『令和 3 年度分 会社標本調査 —調査結果報告— 税務統計から見た法人企業の実態』2023 年。
- 佐々木浩二『ファイナンス —資金の流れから経済を読み解く—』創成社, 2016 年。
- 人事院『令和 3 年度 年次報告書』2022 年。
- 独立行政法人国民生活センター『SNS をきっかけとして、著名人を名乗る、つながりがあるなどと勧誘される金融商品・サービスの消費者トラブルが急増 —いったん振込してしまうと、被害回復が困難です！—』2024 年 5 月 29 日公表資料。
- 中村英昭・髙倉優介『個人企業の経営実態 〜2022 年（令和４年）個人企業経済調査の結果を中心に〜』統計 Today No.191, 2023 年。
- 日本証券業協会・東京証券取引所・日本証券クリアリング機構『株式等の決済期間短縮化（T+2 化）の実施日の決定について』2019 年。
- Berle Jr., Adolf Augustus, and Gardiner Coit Means 著, 森杲訳『現代株式会社と私有財産』北海道大学出版会, 2014 年。

Reading List

- 東京外国為替市場委員会 T+1 化ワーキンググループ『米国株式決済 T+1 化に関する報告書』2024 年 2 月。
- 日本証券業協会『サクサクわかる！ 資産運用と証券投資スタートブック』2023 年。
- 日本取引所自主規制法人考査部審査・情報グループ『内部管理用 ケーススタディハンドブック 2019』日本取引所自主規制法人, 2019 年。
- 別冊商事法務編集部編『平成 28 年版 株主総会日程』別冊商事法務, 401, 2015 年。
- Grody, Allan D., and Levecq, Hugues, 1993, Past, Present and Future: The Evolution and Design of Electronic Financial Markets, IOMS: Information Systems Working Papers, IS-95-21, Stern School of Business, New York University.
- Reuters Institute, and University of Oxford, 2024, Reuters Institute Digital News Report 2024.

2　個人投資家増加の背景

図表 2–1 は個人投資家数と株価指数を表しています。棒グラフで示した個人株主の延べ人数は 1995 年度の 2,704 万人から 2023 年度の 7,445 万人へ増えました。一方、折れ線グラフで示した株価指数は長らく 700 ポイントから 1,600 ポイントを上下しましたが、2010 年代に入ると上昇し、2023 年度に 2,000 ポイントを超えました。1995 年度から 2010 年度くらいまで個人投資家数と株価の動きに強い関係はみられませんが、その後は株価上昇にともない個人投資家数も増えました。

本章では、個人投資家が増えてきた理由のうち株価上昇を除く理由について、投資単位の引き下げ、売買委託手数料の自由化、低金利に注目して説明します。

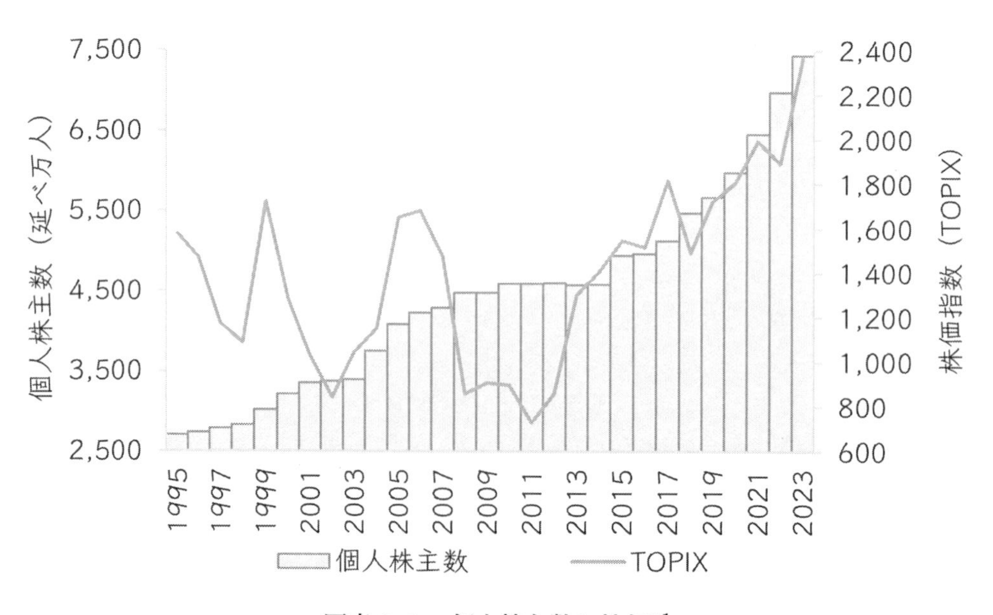

図表 2–1　個人株主数と株価[*1]

[*1] 株式会社東京証券取引所他（2024）、株式会社東京証券取引所,TOPIX（東証株価指数）, 指数値の推移からデータを取得し作成。個人株主数は調査年度内の最終決算日における株主数を合計したものであり、TOPIX の値は年末値である。1 人の投資家が 2 銘柄の株式を保有するとき、株主数は 2 となることに留意する。日本証券業協会, 全国証券会社主要勘定及び顧客口座数等によれば、2023 年末現在で保護預り残高がある個人投資家の口座数は 3,449 万

2.1 投資単位の引き下げ

株式を購入するのに必要な金額を投資単位といいます。投資単位は次式によって表されます。

$$投資単位 = 1 株株価 \times 売買単位$$

1株株価とは株式ニュースなどで報じられる株価であり、売買単位とは取引所でひとかたまりに売買できる株式の数です[*2]。個別株式は1株、2株と小口に売買することはできず、100株単位で売買します[*3]。つまり、100の倍数である200株、500株の売買はできますが、100の倍数でない50株、230株の売買はできないということです。

資金に乏しい個人投資家が大きな投資単位の株式を買うことは難しいです。たとえば、ヤフーの株式の投資単位は、1997年の上場時に200万円ほどでしたが、IT関連企業の人気が高まった2000年には1億6,000万円に達しました[*4]。当時のヤフーがどれほど魅力的であっても、1億円をゆうに超える投資資金を用意できた人は少なかったはずです[*5]。

図表2–2　高額な投資単位

この問題を解消するために、証券取引所は望ましい投資単位を5万円から50万円と定め、投資単位の引き下げを勧めてきました[*6]。50万円ほどで買えるのであれば、株式は私たちに身近な投資対象となります。

売買単位は100株と定められていますので、投資単位を引き下げるには1株株価を引き下げるしかありません。1株株価を引き下げる方法に株式分割があります。株式分割とは出資者としての地位である株式を細分化することです。

7,215であった。この点、図表の解釈に留保を要する。

*2 売買単位と単元株式数の関係は株式会社東京証券取引所, 業務規程15条を参照。

*3 株式会社東京証券取引所, 有価証券上場規程205条と427条の2、全国証券取引所（2015）、株式会社東京証券取引所（2023a, 2023b, 2023c）を参照。

*4 売買単位は1株、1取引日の売買高は1株から80株ほどであった。極端に低い流動性のなせる業であった。

*5 ヤフー株式会社は2019年10月1日付で持ち株会社に移行し、商号をZホールディングス株式会社に改めた。この点についてはZホールディングス株式会社ウェブサイト, よくある質問を参照。

*6 株式会社東京証券取引所, 有価証券上場規程409条と445条を参照。日本取引所グループ, 投資単位の引下げ／株式分割の仕組み・効果, 別紙2は、2022年10月26日時点で投資単位が100万円以上の会社38社を列挙している。

株式分割の例として、ゲーム事業で知られる任天堂を挙げます。2022 年 5 月 10 日、任天堂は 2022 年 9 月 30 日を基準日として 1 株につき 10 株の割合で株式を分割すると発表しました[*7]。ここで「1 株につき 10 株の割合」とは、基準日に 100 株保有する株主の株数が分割後に 1,000 株になることを意味します。分割前後で株主の地位に変わりはありませんから、1 株株価は分割前の 10 分の 1 になります[*8]。これにともない、投資単位は 600 万円ほどから 60 万円ほどへ 10 分の 1 になりました。60 万円という投資しやすい投資単位になったことをうけ、個人投資家数は 26,188 人から 139,899 人へ増えました[*9]。

図表 2–3 は任天堂の株式分割前後の出来高（売買される株数）を表しています。出来高は月平均 1,341 万株から 1 億 1,232 万株へ 10 倍近く増えました。株式分割により投資単位が引き下げられ、売買は活発になったことがわかります。興味深いことに、出来高の増加は、効力が発生する 10 月からではなく、その前月の 9 月から生じています。投資家は機を見るに敏です。

図表 2–4 は、個人株主数と投資単位を引き下げた会社数の累計を示しています。グラフから、4,000 社ほどの上場会社のうち延べ 4,600 社ほどが投資単位を引き下げたことがわかります[*10]。この努力の成果は、個人投資家の増加となってあらわれたようです。

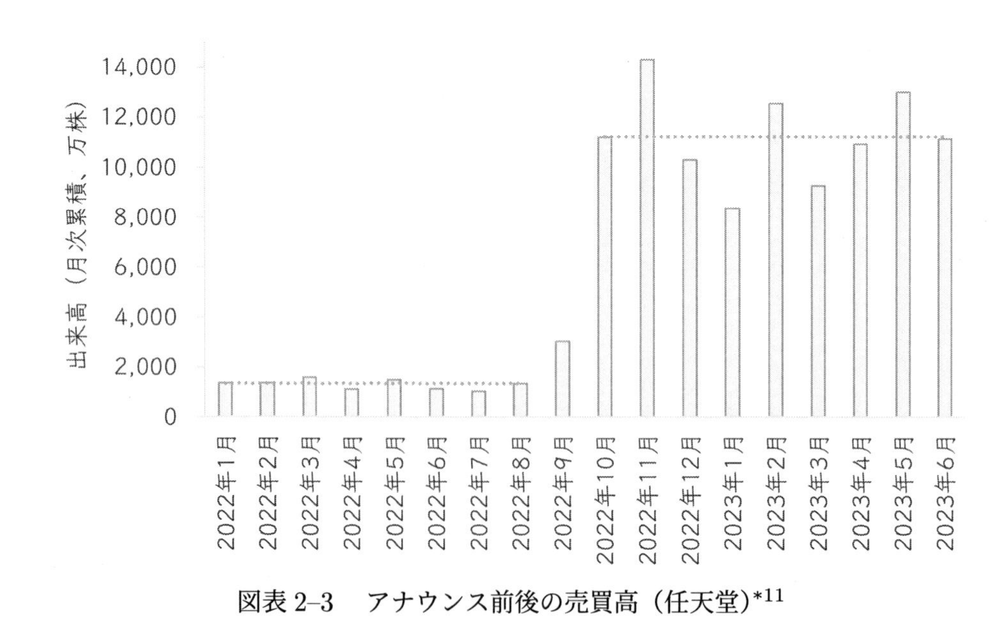

図表 2–3　アナウンス前後の売買高（任天堂）[*11]

[*7] 任天堂株式会社, 株式分割ならびに株式分割に伴う定款の一部変更および配当方針の変更に関するお知らせ（2022 年 5 月 10 日）を参照。発行済株式総数は 1 億 2,986 万 9,000 株から 12 億 9,869 万株へ 10 倍になった。

[*8] 任天堂の株価は 2022 年 9 月 28 日（権利付最終売買日）の終値 59,700 円から 9 月 29 日（権利落後の取引初日）の始値 6,021 円へ、おおよそ 10 分の 1 になった。

[*9] 株式会社東京証券取引所他（2023）から数値を取得。

[*10] これは、1 社が複数回投資単位を引き下げてきたことを示唆する。

[*11] 日経 NEEDS Financial Quest からデータを取得し作成。

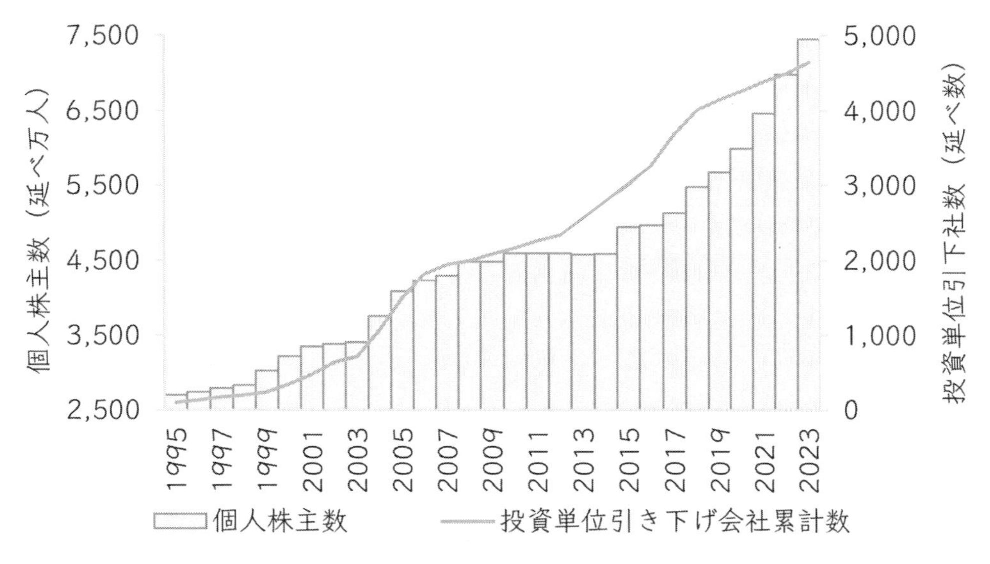

図表 2–4　個人株主数と投資単位引下げ会社累計[*12]

2.2　売買委託手数料の自由化

私たちは上場会社の株式を直接売買できません。取引所の総合取引参加者に注文を取り次いでもらって売買します。総合取引参加者とは、投資家の注文を取り次ぐ証券会社などのことです[*13]。

投資家は、株式を買うときも売るときも総合取引参加者に手数料を払います。これを売買委託手数料といいます。手数料は長く規制下にありましたが、1990 年代後半から段階的に自由化され、1999 年に完全自由化されました。これを追い風に、手数料を大幅に引き下げた無店舗型のネット証券会社が登場しました 。ネット証券が生まれて間もない頃には大規模なシステムトラブルが何度か起きましたが、近年は取引が集中する時間帯にもスムーズに注文が取り次がれています[*14]。

図表 2–5 は個人株主数とネット証券の口座数を表しています。個人投資家数は、ネット証券の口座数の増加と歩調を合わせて、4,500 万人ほど増えています。2000 年代から参入した個人投資家の大半は手数料が安く、手軽に取引できるネット証券を利用しているようです。

[*12] 株式会社東京証券取引所他（2024）からデータを取得し作成。この資料の資料集, 図 2 は、調査年単年度の投資単位引き下げの貢献度は必ずしも大きくないことを示している。ただし、過年度（たとえば 2021 年度）に実施された投資単位引き下げの累積的効果（2022 年度、2023 年度にも残存する効果）は一定程度あると思われる。

[*13] 日本取引所グループ, 取引参加者一覧に 88 社の総合取引参加者が示されている。金融商品取引法 110 条から 117 条、商法 551 条を参照。

[*14] 日本証券業協会, インターネット取引に係るシステム障害件数を参照。2017 年 8 月 25 日に大規模なネットワーク障害が発生した（電気通信事故検証会議,2017）。2020 年 10 月 1 日には取引システム arrowhead に障害が発生した（株式会社東京証券取引所,2020）。インターネット取引の状況については日本証券業協会（2024）を参照。

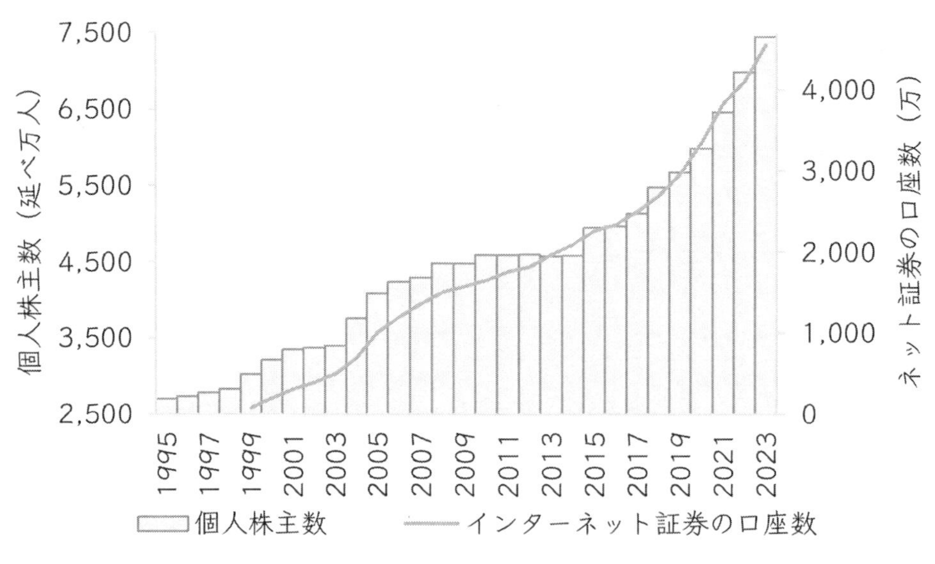

図表 2–5　個人株主数とネット証券口座数[*15]

図表 2–6 は証券業界の手数料収入の推移を表しています。左図は営業収益に対する委託手数料の比率を表しています。バブル景気に沸いた 1990 年には委託手数料が証券会社の収益の過半を占めていました。その後手数料の貢献は低下し、2023 年度には 13% になっています。

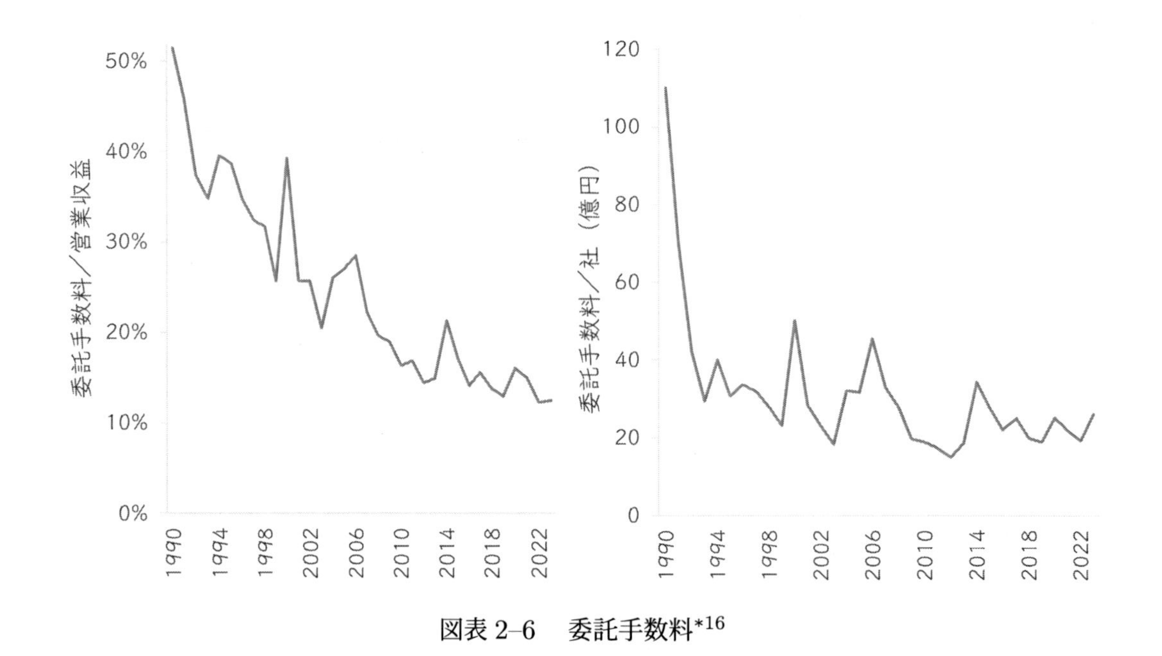

図表 2–6　委託手数料[*16]

[*15] 株式会社東京証券取引所他（2024）からデータを取得し作成。

[*16] 日本証券業協会, 会員の決算概況、日本証券業協会,FACT BOOK からデータを取得し作成。2006 年以降の手数料は社債等の手数料を含むことに留意する。2023 年秋、SBI 証券と楽天証券が相次いで現物株式の手数料無料化に踏

1 社あたりの手数料収入を示す右図をみると、1990 年の 110 億円から 1993 年の 29 億円へ減った後、相場の繁閑を反映して 15 億円から 50 億円のあいだを上下しています。第 1 章の図表 1–9 が示すように、バブル期と比べて売買高で 2 倍、売買代金で 3 倍になっても、手数料収入は 3 分の 1 ほどにとどまっています。証券会社は、売買委託手数料の代わりに投資信託の販売手数料や自己勘定売買を収益の柱に据えるようになりました。

2.3 低金利

銀行預金の金利は利息の額を決めます。金利が高いときには利息を多くもらえますが、金利が低いときには利息を少ししかもらえません。

数値例を用いてこのことを確認しましょう。1,000 万円以上をまとめて定期にすることを大口定期といいます。本書執筆時に大口定期の金利を調べたところ、メガバンクは 0.025%、流通系の銀行は 0.15%、無店舗型のネット銀行は 0.35% を提示していました。ここでは、金利 0.1% で 1,000 万円を 2 年間複利運用することを考えます[*17]。

運用機会の全体像を表す図表 2–7 をタイムラインといいます。左から右へ伸びる矢印は時間の流れを表します。$\{0, 1, 2\}$ という区切りは、運用を始める時点、運用を始めてから 1 期間が終了した時点、運用を始めてから 2 期間が終了した時点を表します。この例では 1 期間を 1 年と設定していますので、0 は 1,000 万円を銀行に預ける時点、1 は銀行に預けてから 1 年経過した時点、2 は銀行に預けてから 2 年経過した満期を表します。0 の下にある $-1,000$ 万円 は、銀行に預け入れる金額です。このような、金融商品に投ずる資金の流れをキャッシュ・アウトフローといいます。反対に、運用から得る収入や元本の償還、金融商品の売却などによって手元に入るお金の流れをキャッシュ・インフローといいます。期中に掲げている 0.1% は金利です。

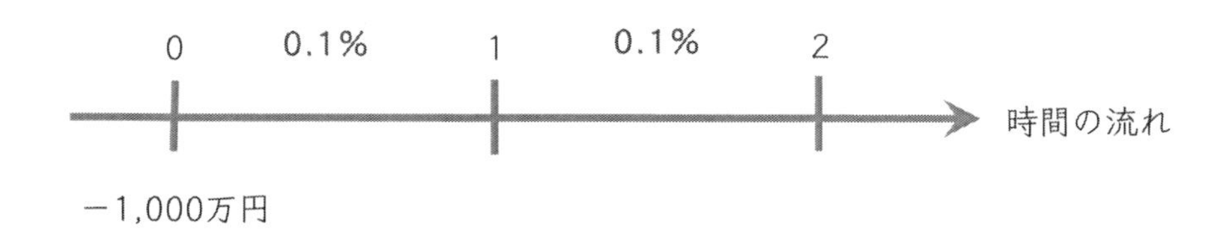

図表 2–7　タイムライン（預入時点）[*18]

み切り驚きが広がった。SOR（Smart Order Routing）や「最良」執行方針など、虚々実々である。

[*17] 武藤訳（2010,p.36）によれば、複利の概念は古代バビロニアにすでにみられた。

[*18] 本図表は、低金利の下では運用益が少ないことを示すためのものである。日本の商慣行では 1 期間半年であること、預金の利息は単利で計算される場合もあること、利息に税金が課されることなどから、利息計算の実際は例と異なる

この例では、キャッシュフローが発生する時点は始めと終わりの2時点ですが、実際に運用する際には資金の出入りが多くあります。複雑な状況を適切に理解するのに、タイムラインは助けとなります。1年後、預金の残高は預け入れた金額と運用益の和となります。すなわち

$$FV_{1\text{年後}} = \text{預入額} + \text{運用益}$$

運用益は預け入れた1,000万円と金利0.1%の積です。すると

$$\begin{aligned} FV_{1\text{年後}} &= \text{預入額} + \text{預入額} \times \text{金利} \\ &= 1,000\text{万円} + 1,000\text{万円} \times 0.1\% \\ &= 1,000\text{万円} + 1\text{万円} \\ &= 1,001\text{万円} \end{aligned}$$

銀行に預けた1,000万円は、1年後1,001万円になりました。

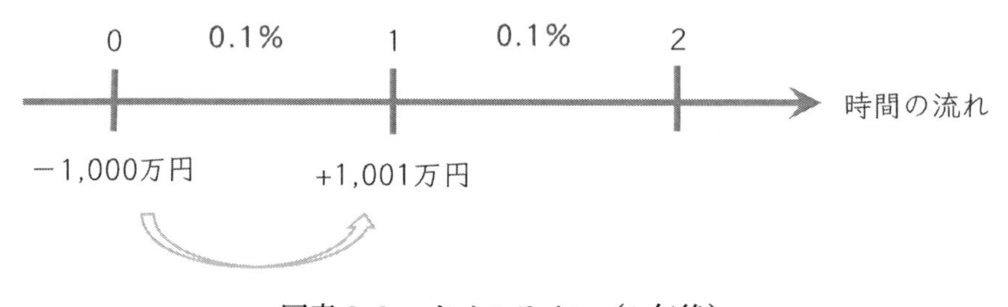

図表2–8　タイムライン（1年後）

つづいて2年目の運用をみます。複利運用では前期終了時の残高すべてを次期に再投資します。この例では、1年後の残高1,001万円のすべてを2年目に再投資します。すると、2年後の預金残高は次のように計算されます*19。

$$\begin{aligned} FV_{2\text{年後}} &= \text{預入額} + \text{預入額} \times \text{金利} \\ &= 1,001\text{万円} + 1,001\text{万円} \times 0.1\% \\ &= 1,001\text{万円} + 10,010\text{円} \\ &= 1,002\text{万}10\text{円} \end{aligned}$$

ことに留意する。

*19 伊藤・渡部訳（2016,p.689）に「一〇〇ポンドは、一〇ポンドを生み、そして双方一緒に早晩一一ポンドを生み出す」とある。

預金通帳の残高は満期に 1,002 万 10 円になりました。

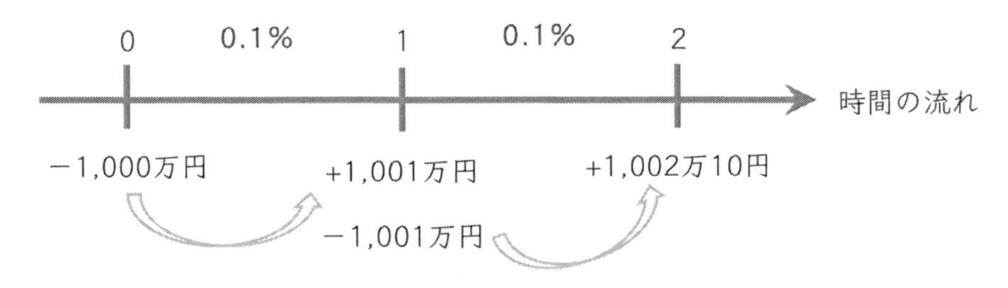

図表 2–9　タイムライン（満期）

ここで、$FV_{2\text{年後}}$ の式を少し変形します。

$$
\begin{aligned}
FV_{2\text{年後}} &= 1,001\text{万円} + 1,001\text{万円} \times 0.1\% \\
&= 1,001\text{万円} \times (1 + 0.1\%)
\end{aligned}
$$

右辺の 1,001 万円は、当初の預入額 1,000 万円と 1 年目の運用益 1 万円の和です。これを式に反映させて少し変形すると

$$
\begin{aligned}
FV_{2\text{年後}} &= (1,000\text{万円} + 1,000\text{万円} \times 0.1\%) \times (1 + 0.1\%) \\
&= 1,000\text{万円} \times (1 + 0.1\%) \times (1 + 0.1\%) \\
&= 1,000\text{万円} \times (1 + 0.1\%)^2
\end{aligned}
$$

得られた式を記号で表すと

$$FV_T = PV \times (1 + R)^T$$

この式は、PV 円を金利 R で T 期間複利運用して得られる未来価値が FV_T であることを表しています。この式を少し変形すると、複利運用で資金を 2 倍にするのにかかる期間を求められます。投資した資金が 2 倍になることを式で表すと、$FV_T = 2 \times PV$ となります。これを上式の左辺に代入すると

$$2 \times PV = PV \times (1 + R)^T$$

両辺の PV を消去し、自然対数をとると[*20]

[*20] 式中の ln は自然対数を表す。

$$\ln(2) = \ln{(1+R)}^T$$

T について解くと

$$\ln(2) = T \times \ln(1+R)$$

$$T = \frac{\ln(2)}{\ln(1+R)}$$

複利で運用して資金を 2 倍にするのにかかる期間はこの式から計算されます。しかし、私たちの多くは自然対数について詳しく知りませんし、自然対数を計算できる電卓が手元にないこともあります。そのようなときには T を近似する「72 の法則」を用います。

$$T = \frac{\ln(2)}{\ln(1+R)} \approx \frac{72}{100 \times R}$$

図表 2–10 は、1 年複利で資金が 2 倍になるのにかかる期間について、自然対数を用いて計算した値と 72 の法則で近似した値を比べています。72 の法則は自然対数を用いた計算結果をよく近似しています。たとえば、金利が 4% であるとき資金を 2 倍にするのにかかる期間は、自然対数の式では 17.7 年ほど、72 の法則では 72 ÷（100 × 4%）＝ 18 年 になります。

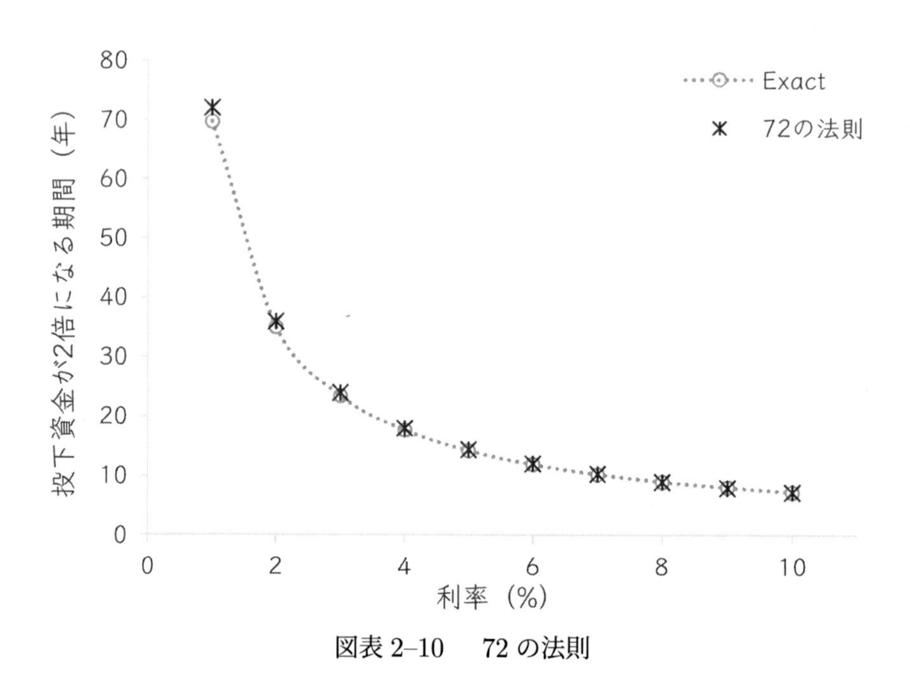

図表 2–10　72 の法則

金利が 0.1% であるとき、資金が 2 倍になるのにかかる期間は、自然対数の式で求めるとおおよそ 693 年、72 の法則の近似式で求めると 72 ÷（100 × 0.1%）＝ 720 年 です。資金が 2 倍になるまで 700 年も待てる人はいません[*21]。資金を一定以上の速さで殖やしたい人は、よりよい運用機会を求めることになります。その 1 つは株式です。

図表 2–11 は個人株主数と預金金利を示しています。1990 年代後半から 2000 年代はじめにかけて、金利が下がるにしたがい個人株主数は増えています。1990 年代後半に個人株主数が増えた理由の 1 つは、低金利にあるとみてよさそうです。

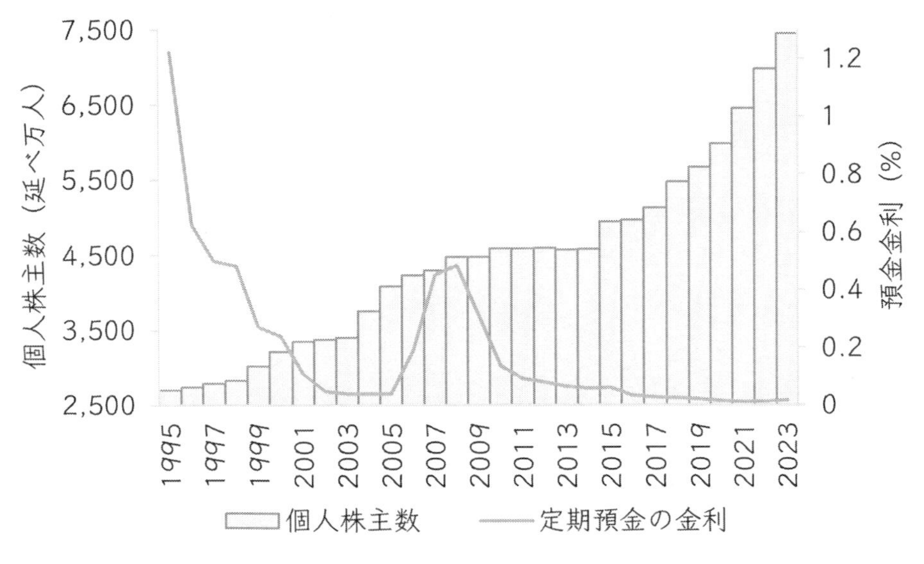

図表 2–11　個人株主数と預金金利[*22]

[*21] 2024 年の 697 年前は 1327 年である。鎌倉時代末期のこの年に銀行が存在し、その銀行に 1,000 万円を預け続けていれば、2024 年に 2,000 万円になっていた。

久保訳（2011,p.158）に「イングランド国民はたいていのことは我慢できるが、金利が二パーセントであることには耐えられない」とある。塘訳（1994,p.147）には、「調整要因として作用するのは、ある国民が貯蓄をする場合に被らなければならない犠牲の大きさである。これは、国民が異なると大きく異なる。オランダ人は、2% の収益が見込まれさえすれば貯蓄を決意するが、他の国、特に文化程度の低い国民の場合、決してそうではない」とある。

[*22] 株式会社東京証券取引所他（2024）、日本銀行, 時系列統計データ検索サイトからデータを取得し作成。預金金利は満期までの期間が 1〜2 年の大口定期の預金の利率である。

なお、NHK NEWS WEB の 2024 年 7 月 29 日付の記事「東証 少額投資を可能に 株式売買の最低単位引き下げなど検討へ」は、「売買の最低単位を今の 100 株から、1 株などより少ない単位に引き下げることなどを含めて具体策を検討する方針です」と報じた。今後の動向が注目される。

補論　世界の取引所

本章の本文では日本の取引所についてみました。ここでは世界の株式取引所についてみることにします。図表 2–12 の左図は世界の取引所の規模を時価総額で表しています。時価総額とは全上場会社の株式数と株価を掛け合わせたものです[*23]。時価総額が多い順に並べると、米国の代表的な取引所であるニューヨーク証券取引所（NYSE）、米国の先進企業が上場している Nasdaq、経済発展著しい中国（上海、深圳、香港の合計）となります。欧州にある複数の国の取引所の連合体である Euronext と日本取引所（JPX）は資本主義国ではない中国の後塵を拝しています[*24]。右図は取引所の規模を上場会社数で表しています。上場会社数が多い順にみると、日本取引所は中国 3 市場の次に位置しています。

上場会社数が多く時価総額が大きくない日本市場は、時価総額が小さな会社が多く上場している市場と特徴づけられます。上場会社が多いことはよいことだと思います。今後は、上場会社それぞれの時価総額の増大が期待されます。

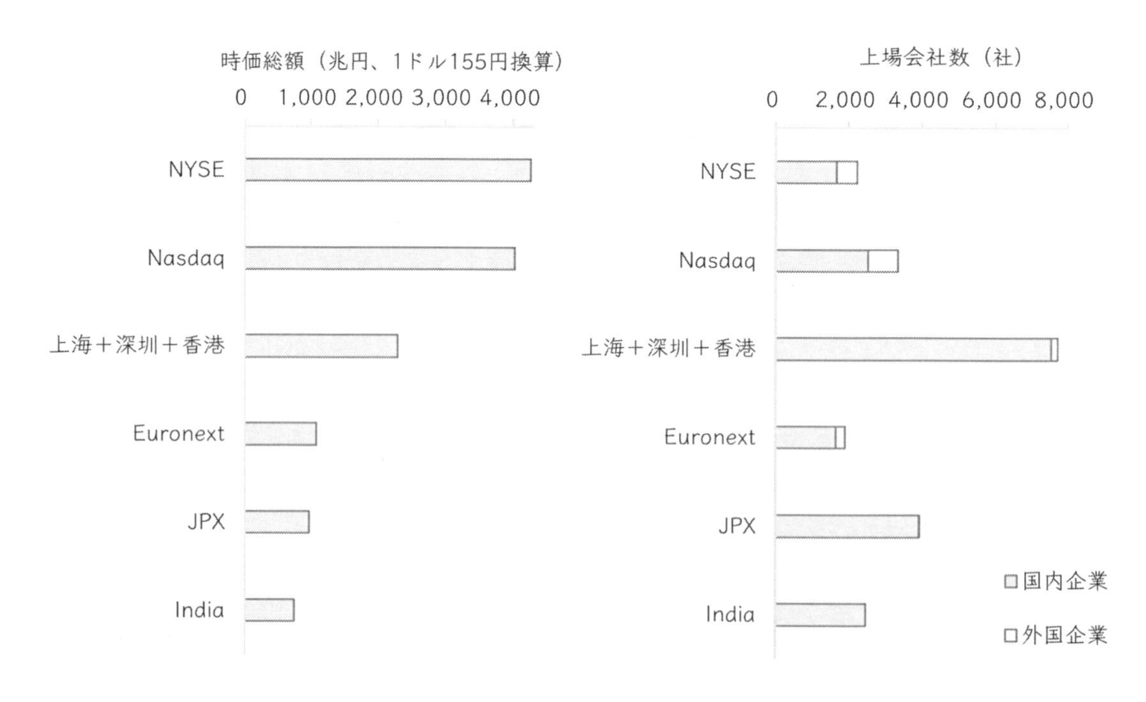

図表 2–12　取引所の時価総額と上場会社数[*25]

[*23] 個別株式の時価総額は、最新の株価 × 株数である。購入単価の加重平均ではないことに留意する。たとえば、これまでの投資家全員が 1 万円で購入した株に突如 100 万円の値が付けば、時価総額は 100 万円 × 株数となる。

[*24] Euronext はパリ、アムステルダム、ブリュッセル、ダブリン、リスボン、オスロ、ミラノの取引所の連合体である。

[*25] World Federation of Exchange, Market Statistics, June-2024 から 2024 年 4 月のデータを取得し作成。

Reference

- 株式会社東京証券取引所『10 月 1 日に株式売買システムで発生した障害について』2020 年。
- 株式会社東京証券取引所『2023 新規上場ガイドブック（プライム市場編）』2023 年 (a)。
- 株式会社東京証券取引所『2023 新規上場ガイドブック（スタンダード市場編）』2023 年 (b)。
- 株式会社東京証券取引所『2023 新規上場ガイドブック（グロース市場編）』2023 年 (c)。
- 株式会社東京証券取引所・株式会社名古屋証券取引所・証券会員制法人福岡証券取引所・証券会員制法人札幌証券取引所『2022 年度株式分布状況調査の調査結果について』2023 年。
- 株式会社東京証券取引所・株式会社名古屋証券取引所・証券会員制法人福岡証券取引所・証券会員制法人札幌証券取引所『2023 年度株式分布状況調査の調査結果について』2024 年。
- 全国証券取引所『売買単位の 100 株への移行期限の決定について』2015 年。
- 電気通信事故検証会議『平成 29 年 8 月に発生した大規模なインターネット接続障害に関する検証報告』2017 年。
- 日本証券業協会『インターネット取引に関する調査結果（2024 年 3 月末）について』2024 年。
- Bagehot, Walter 著, 久保恵美子訳『ロンバード街 —金融市場の解説—』日経 BP, 2011 年。
- Böhm-Bawerk, Eugen von 著, 塘茂樹訳『国民経済学 —ボェーム・バヴェルク初期講義録—』嵯峨野書院, 1994 年。
- Filmer, Robert 著, 伊藤宏之・渡部秀和訳『フィルマー 著作集』近代社会思想コレクション 19, 京都大学学術出版会, 2016 年。
- Lowry, Todd Stanley 著, 武藤功訳「ピタゴラス学派の数学的理想主義と経済・政治理論の構想」, 丸山徹編『経済学のエピメーテウス —高橋誠一郎の世界をのぞんで—』知泉書館, 2010 年, pp.33–61。

Reading List

- 株式会社東京証券取引所・株式会社名古屋証券取引所・証券会員法人福岡証券取引所・証券会員法人札幌証券取引所『売買単位の統一に関するアンケート結果』2015 年。
- Bogan, Vicki, 2008, Stock Market Participation and the Internet, Journal of Financial and Quantitative Analysis, 43, 1, 191–211.
- Byun, Jinho, and Michael S. Rozeff, 2003, Long-Run Performance after Stock Splits: 1927 to 1996, Journal of Finance, 58, 3, 1063–1085.
- Copeland, Thomas E., 1979, Liquidity Changes Following Stock Splits, Journal of Finance, 34, 1, 115–141.
- Easley, David, Maureen O'Hara, and Gideon Saar, 2001,How Stock Splits Affect Trading: A Microstructure Approach, Journal of Financial and Quantitative Analysis, 36, 1, 25–51.
- Lakonishok, Josef, and Baruch Lev, 1987, Stock Splits and Stock Dividends: Why, Who, and When, Journal of Finance, 42, 4, 913–932.
- Peress, Joel, 2005, Information vs. Entry Costs: What Explains U.S. Stock Market Evolution?, Journal of Financial and Quantitative Analysis, 40, 3, 563–594.

3 株式の売買

前章で個人投資家が増えてきたことを学びました。本章では株式を売買する手順をみます。

3.1 証券口座の開設

前章で学んだように、私たちは上場会社の株式を直接売買できません。総合取引参加者を介して株式を売買します。総合取引参加者とは、取引所に売買の注文を出すことができる証券会社などのことです。総合取引参加者になるには、日本取引所が定める財務基盤などの形式基準とコンプライアンスなどの実質基準を満たす必要があります。基準を満たした会社だけが総合取引参加者になれますので、私たちは安心して売買を委託できます[*1]。

投資家は、売買委託手数料、情報の量と質、入出金の容易さなどをみて総合取引参加者を選びます。利益機会のひろさを決める手数料は、取引参加者を選ぶ重要な基準です。たとえば、株式を100 万円で買い、102 万円で売ることができたとしましょう。この売買を手数料が 1 万円である取引参加者に取り次いでもらうと、手数料を引いた後に残る利益は 0 になります。

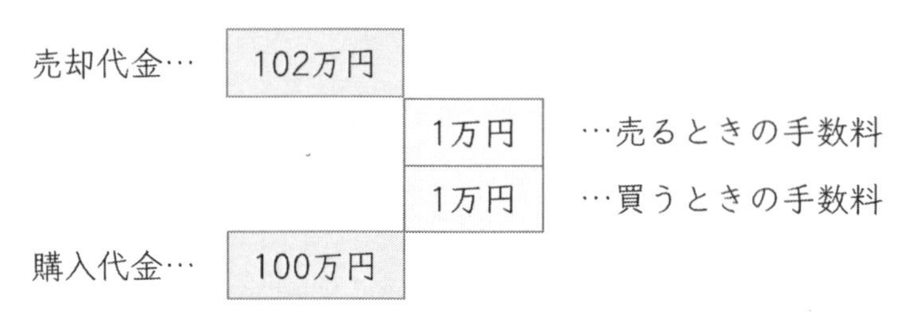

図表 3–1　手数料が 1 万円の場合[*2]

*1 形式基準と実質基準は日本取引所グループ, 取引参加者, 取引資格の取得を参照。総合取引参加者の区分の他に先物等を取引する先物取引等取引参加者、国債先物等を取引する国債先物等取引参加者がある。登録金融機関については金融商品取引法 33 条の 2 を、取引所取引許可業者については金融商品取引法 60 条 1 項を参照。

*2 手数料控除後のキャピタルゲインに税が課される（国税庁, タックスアンサー, 株式投資と税金,No.1463, 株式等を譲

手数料が500円である取引参加者に同じ売買を取り次いでもらうと、手数料を引いた後に残る利益は19,000円になります。利益機会をひろげたい投資家は、手数料が安い取引参加者を選びます。

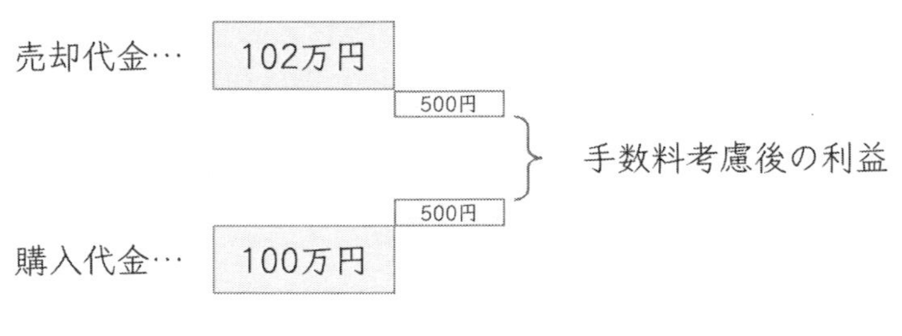

図表3–2　手数料が500円の場合

提供される情報の量と質も取引参加者を選ぶ基準となります。株式に投資するには、マクロ経済、金融、法律、会計、税制などの知識が必要です。これらの知識を十分に持たない人はていねいな助言を受けられる取引参加者を、知識が豊富な人は簡素な助言を受けられる取引参加者を選びます。

もう１つ、入出金の手数料も取引参加者を選ぶ基準となります。証券口座にある資金を買い物などにつかうには、多くの場合、資金を銀行口座へ移さなければなりません。銀行口座へ移すときに手数料がかかると、その分だけ買い物につかえるお金は減ります。頻繁に資金を出し入れする投資家は、入出金の手数料が安い取引参加者を選びます。

利用する証券会社が決まったら、証券口座の開設を申請します。証券口座は、株式の購入資金と保有株式を管理するためのものです。口座がないと株式を売買できませんので、投資を始める前に口座を開きます。口座の開設を申請する際には、氏名、年齢、住所など基礎的なことから、勤務先、年収など踏み込んだ情報まで記します。申請を受けた証券会社は、記入事項に間違いがないか確認し、証券を取引するに十分な信用のある人か審査します。審査を無事通過すると口座を開設できる旨証券会社から連絡があります*3。

口座が開設されたら、銀行口座から証券口座へ資金を振り込みます。店舗を持たないネット証券は、ネット上で入金の手続きをすることがあります。証券口座の残高は、購入したい株式の投資単位と手数料を合わせた額を超えていなければなりません。ある程度余裕を持った額を入金しましょう。

渡したときの課税（申告分離課税））。本書執筆時点の税率は20.315%であった。

*3 日本版少額投資非課税制度（NISA）、個人型確定拠出年金（iDeCo）を利用するには専用の口座を開く必要がある。2024年から一新されたNISAの詳細については金融庁, 新しいNISAを参照。

3.2 株式購入前の確認事項

株式を購入する前に最低限確認すべき証券コードと取引の継続性について説明します。上場会社には 4 桁の番号が付されています。会社を識別するこの番号を証券コードといいます。図表 3–3 の左に掲げた 2 社はいずれも「さむこ」と読みます。右に掲げた 2 社は漢字 1 字だけ異なります。上の会社は「にほんせいこう」、下の会社は「にっぽんせいこう」と読みます。このような、よく似た社名を判別するのに証券コードは欠かせません。投資する前に証券コードを確認しましょう。

証券コード	会社名	証券コード	会社名
3436	SUMCO	5729	日本精鉱
6387	サムコ	6471	日本精工

図表 3–3　似た名前の会社[*4]

取引の継続性とは、投資の期間中に投資先の会社が上場廃止にならず、株式を売買できる状態が続くことです。上場会社は 4,000 社近くあり、そのうち少なくとも 500 社の株式は活発に売買されています[*5]。私たちは活発に売買されている株式に投資すべきです。図表 3–4 は、売買代金上位の会社を示しています。表に掲げた会社の株式は、はじめて投資する人にとって有力な選択肢となります。

順位	証券コード	会社名	業種
1	6920	レーザーテック	電気機器
2	6146	ディスコ	機械
3	7203	トヨタ自動車	輸送用機器
4	8306	三菱 UFJ FG	銀行
5	9984	ソフトバンク G	情報・通信

図表 3–4　売買代金上位の会社[*6]

[*4] 証券コード協議会は 4 桁の固有名コードと 5 桁の新コードを定めている。2024 年から、コードを新規に割り当てる際に英文字も組み入れられる。日本取引所グループ, 証券コード協議会, 証券コード英文字組入れ、証券コード協議会（2019, 2023a, 2023b）を参照。

[*5] 日本取引所グループ, 東証規模別株価指数・TOPIX ニューインデックスシリーズ、TOPIX500 の説明を参照。

[*6] 日本取引所グループ, 統計情報（株式関連）, その他統計資料, 売買代金順位表（内国株式）（月間）から 2024 年 6 月のデータを取得し、業種別に順位が最も高い銘柄を掲げた。

取引の継続性がはっきりしない会社は監理銘柄に指定され、上場廃止が決まった会社は整理銘柄に指定されます。日本取引所グループウェブサイトの「整理・監理銘柄一覧」をみて、投資したい会社が監理銘柄や整理銘柄に指定されていないことを確かめましょう。倒産がうわさされる会社や基準を満たせず上場廃止に追い込まれそうな会社の株式は買わないようにしましょう。

3.3　注文の提出と執行

取引所で株式の売買ができる時間帯を売買立会時といいます。図表 3–5 は東京証券取引所の売買立会時を表しています。取引は午前と午後に分かれています。午前の取引時間帯を午前立会（前場）、午後の取引時間帯を午後立会（後場）といいます。前場は 9 時から 11 時 30 分まで、後場は 12 時 30 分から 15 時 30 分までです。前場が始まる 9 時と後場が始まる 12 時 30 分を寄付き、前場が終わる 11 時 30 分と後場が終わる 15 時 30 分を引けといいます。それ以外の時間帯をザラバといいます[*7]。

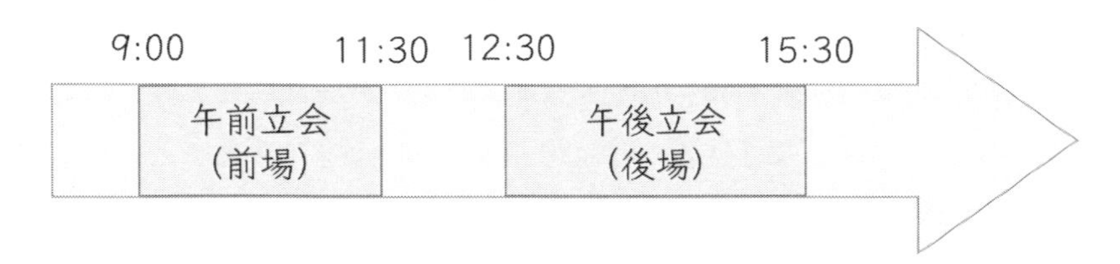

図表 3–5　売買立会時

東京証券取引所のシステムは、前場は 8 時から、後場は 12 時から注文を受け付けます。注文にはいくつかタイプがありますが、代表的なものは成行注文と指値注文です。成行注文とは取引したい株式と株数を明示した注文であり、指値注文とは取引したい株式、株数、価格を明示した注文です。成行注文は取引を急いで成立させることを重視した注文であり、指値注文は適切な価格で取引を成立させることを重視した注文です。どちらのタイプの注文を出すかは、投資家が重視する事柄によります。

[*7] 日本取引所グループ, 現物市場の機能強化に向けた取組み（取引時間の延伸等）によれば、2024 年 11 月 5 日から後場終了時刻が 15 時から 15 時 30 分へ 30 分延長される。本書発刊時点での終了時刻は 15 時だが、本書が読まれるであろう期間のほぼすべてで終了時刻は 15 時 30 分になる見込みであることから、15 時 30 分を取引終了時刻として記した。また、株式会社東京証券取引所（2024,pp.12–13）によれば、15 時 25 分にザラバ取引は終了し、15 時 25 分から 15 時 30 分までプレ・クロージングの時間が設けられ、15 時 30 分に板寄せが行われて取引が終了する。本書執筆時点（2024 年初夏）では未実施のため、ご関心の方は最新の情報を確認いただきたい。

	銘柄	株数	価格	重視すること
成行注文	○	○	ー	取引の成立
指値注文	○	○	○	取引の価格

図表 3–6　注文の種類[*8]

提出された注文は時間帯によって異なる方式で執行されます。寄付きと引けは板寄せ方式で、ザラバはザラバ方式で執行されます。

板寄せ方式では 4 つの原則にしたがい注文を執行します。すなわち、①成行注文をすべて執行する；②買い指値注文は高い価格に提出された注文から執行する；③売り指値注文は低い価格に提出された注文から執行する；④執行価格にある買い指値注文、売り指値注文のいずれかすべてを執行する、の 4 つです。

①は価格がいくらであってもすぐに取引を成立させたいという成行注文を最優先で執行するという原則です。②と③は買い手にとって不利な高い価格に提出された注文、売り手にとって不利な低い価格に提出された注文から優先的に執行するという原則です。④は板寄せ方式でどこまで注文を執行するのかを明確にする原則です。

これらの原則について、数値例で理解を深めましょう。寄付き直前に注文のようすが図表 3–7 のようであったとします。このような注文表のことを「板」といいます。まず、原則①を適用して成行注文すべてを執行させます。成行の売り注文は 600 株、買い注文は 400 株あります。これらをつけ合わせると、400 株の取引が成立します。

売り注文	価格	買い注文
600	成行	**400**
800	502	100
2,000	501	700
400	500	1,000
200	499	800
400	498	3,000

図表 3–7　板寄せ方式（執行前）[*9]

[*8] 注文するとき指定する項目に○をつけた。

[*9] Tokyo Stock Exchange（2019,pp.19–23）を参照して作成。株式会社東京証券取引所 IT 開発部（2021）、日本取引所グループ, 板寄せ方式における約定値段決定方法も参照。売買中断後の取引再開時、特別気配・連続約定気配の

図表 3–8 は 400 株の取引を成立させた後の板のようすを表しています。つづいて、原則①とともに原則②と原則③を用います。売り注文をみると、成行注文が 200 株残り、最も低い 498 円に 400 株、つづいて低い 499 円に 200 株の注文が提出されています。買い注文をみると、最も高い 502 円に 100 株、つづいて高い 501 円に 700 株の注文が提出されています。これらの売り注文と買い注文をつけ合わせると、新たに 800 株の取引が成立します。

売り注文	価格	買い注文
200	成行	
800	502	**100**
2,000	501	**700**
400	500	1,000
200	499	800
400	498	3,000

図表 3–8　板寄せ方式（400 株つけ合わせ後）

図表 3–9 は 800 株の取引を成立させた後の板のようすを表しています。さいごに原則④を用います。500 円の価格に 400 株の売り注文と 1,000 株の買い注文があります。これらをつけ合わせると 400 株の取引が成立します。

売り注文	価格	買い注文
	成行	
800	502	
2,000	501	
400	500	**1,000**
	499	800
	498	3,000

図表 3–9　板寄せ方式（1,200 株つけ合わせ後）*10

表示時にも板寄せ方式が用いられる。

*10 図表 3–8、図表 3–9 の段階では注文を執行しない。これらの図表は、板寄せ方式の理解を助けるために掲げている。図表 3–10 の段階で、条件を満たすすべての注文を同一の価格で同時に執行する。

ここまでで、400 株 + 800 株 + 400 株 = 1,600 株 の注文が付け合わされました。板寄せ方式では、これらの注文をすべてまとめて、同一の価格 500 円で同時に執行します。

売り注文	価格	買い注文
	成行	
800	502	
2,000	501	
	500	600
	499	800
	498	3,000

図表 3–10　板寄せ方式（寄り付き直後）

ザラバ方式では次の 4 つの原則にしたがい注文を執行します。すなわち、①成行注文を最優先で執行する；②買い指値注文は高い価格に提出された注文から執行する；③売り指値注文は低い価格に提出された注文から執行する；④同一価格に提出された指値注文が複数あるときには、早い時刻に提出された注文から執行する、の 4 つです。

板のようすが図表 3–10 のとおりであるとき 200 株の買い成行注文が提出されると、板のようすは図表 3–11 のようになります。原則①にしたがい、この成行買い注文は最優先で執行します。つけ合わせるのは、最も低い価格 501 円にある売り注文です。501 円にある 2,000 株のうち、執行されるのは最も早い時刻に提出された 200 株です。執行後、501 円の売り注文は 1,800 株残ります。

売り注文	価格	買い注文
	成行	**200**
800	502	
2,000	501	
	500	600
	499	800
	498	3,000

図表 3–11　ザラバ方式（買い成行注文）*[11]

*[11] Tokyo Stock Exchange（2019,pp.24–25）を参照して作成。

つづいて、図表 3–12 のように、498 円に 1,000 株の売り指値注文が提出されたとしましょう。この注文は、まず最も高い価格 500 円にある 600 株の買い注文とつけ合わせます。1,000 株のうち、600 株は 500 円で執行されます。残りの 400 株は 499 円にある 800 株の買い注文のうち、最も早い時刻に提出された 400 株とつけ合わせて執行されます。

売り注文	価格	買い注文
	成行	
800	502	
1,800	501	
	500	**600**
	499	**800**
1,000	498	3,000

図表 3–12　ザラバ方式（売り指値注文）

執行後の板のようすは図表 3–13 のようになります。ザラバ方式では、1 つの注文が複数の価格で執行されることがあります。

売り注文	価格	買い注文
	成行	
800	502	
1,800	501	
	500	
	499	**400**
	498	3,000

図表 3–13　ザラバ方式（注文執行後）[*12]

注文の受付から執行まで、arrowhead というシステムが高速で処理します。このシステムは 2010 年 1 月 4 日に稼働し、2015 年 9 月 24 日のリニューアルを経て、2019 年 11 月 5 日にバー

[*12] NTT データ・フィナンシャル・ソリューションズ先端金融工学センター編著（2018,pp.27–28）によれば、板情報の更新速度はミリ秒単位の高速取引よりも遅い。

ジョンアップしました。現行システムは注文応答時間0.2ミリ秒、情報配信時間0.5ミリ秒を実現しています[*13]。2024年11月5日には、4代目のarrowhead 4.0が稼働予定です。1営業日の平均出来高20億株、平均売買代金4兆1千億円という膨大な注文の執行はarrowhead抜きに語れません[*14]。

arrowheadが稼働したことを受けて、注文の高速処理システムを導入する総合取引参加者が増えてきました。時間優先の原則がある市場において、他の投資家より千分の1秒でも先んずるには、注文の伝達速度が速くなければなりません。東京証券取引所は、総合取引参加者のサーバーを東証の処理システム近くに配置するコロケーションというサービスを提供してこの需要に応えています[*15]。高速・高頻度取引（HFT：High Frequency Trading）が市場を席巻する今日、私たち生身の投資家は投資戦略を熟慮する必要があるようです[*16]。

---

*13 富士通株式会社, 東証の株式売買システム「arrowhead」をリニューアル より安心できるマーケットを目指して（2015年9月24日プレスリリース）を参照。バージョンアップについては日本取引所グループ, 現物取引,arrowheadを参照。ミリ秒とは千分の1秒のことである。

*14 日本取引所グループ, 統計月報から2023年のデータを取得。

*15 日本取引所グループ, コネクティビティサービス, コロケーションサービスのご案内を参照。コロケーションのイメージ図についてはNTTデータ・フィナンシャル・ソリューションズ先端金融工学センター編著（2018,p.33）の図表2–7を参照。2019年8月5日付の日本経済新聞ウェブ版「取引速度あえて遅らす「高速業者」への不満解消 米英の現物株・商品先物市場で広がる」という記事は、HFTの猛威に耐えかねた投資家から、執行速度をあえて遅くすべきだという圧力が高まっていることを伝えている。この点、大山他（2022）を参照。私たちの想像を超えて、取引は無人化・高速化・形而上化している。

*16 高速取引については金融商品取引法第2条第41項を参照。大山他（2021,p.4）によれば、登録HFT業者は全注文件数の7割、全売買代金の4割を占める。金融庁, 高速取引行為者登録一覧によれば、令和6年6月18日現在で登録HFT業者は52社であった。永野訳（2015）、Easley et al.（2012）、Foucault et al.（2013）、Kirilenko and Lo（2013）も参照。

渡会・東江訳（2019,p.162）によれば、2008年時点で、すでにアメリカの株式取引の65%は高速取引業者によるものであった。さらに、渡会・東江訳（2019）の第1章によれば、リーマンショック直後の2009年、とある業者がイリノイ州シカゴのデータセンターとニュージャージー州のNasdaqの間1,331kmを直線で結ぶ光ケーブルを敷設した。これは、当時16–17ミリ秒かかっていたデータの伝送速度を短縮化する試みであった。このプロジェクトには、元ネットスケープ・コミュニケーションズCEOジム・バークスデール氏が関った。

Bloombergウエブ版2020年9月18日付「ナスダック、一部業務を一時的にシカゴ移管へ—NJ州との対立激化」という記事は、「電子インフラ経由の取引に課税」される事態を回避するために、NasdaqのPSX取引所業務の一部をシカゴに移管すると報じた。さらに、日経XTECHウェブ版2022年12月23日付「米ナスダックが市場の一部をAWSに移行、オンプレクラウドは日本へ広がるか」という記事は、Nasdaq MRXというオプション市場がAmazon社のAWS上に移行したと伝えた。

NTTデータ・フィナンシャル・ソリューションズ先端金融工学センター編著（2018,p.195）の図表5–31は、裁定アルゴリズムの取引による利益機会の「賞味期限」は、数マイクロ秒から数秒であることを示している。渡会・東江訳（2019,p.316）には「株式市場で何かを見るには、自分の目ではなく、コンピューターにはどう見えるかを想像する必要がある」とあり、渡会・東江訳（2019,p.388）に「人はもう市場で起こることについて責任を持てない。コンピューターがすべてを決めているのだから」とある。渡会・東江訳（2019,pp.160–161）は、米国のSEC職員が退職後に高速取引会社のロビイストになっていることを指摘している。

渡会・東江訳（2019,p.125）は、2010年5月6日2時45分にフラッシュ・クラッシュが起きたことを伝えてい

補論　立会外の取引

売買立会時に大量の株式を一度に売買すると、企業の業績や経済の動向を反映しない形で株価が急騰したり急落したりすることがあります。こうした株価の乱高下を避けるために、大型のファンドどうしで株式を売買するとき、大株主が株式を大量に売出すとき、上場会社が自社株を買付けるときには立会の外で取引するようにしています。

図表 3–14 は、2024 年 5 月に実施された立会外の大口取引の例です。5 月 15 日、ソニーの株が 1 株 12,950 円で 73 万株ほど売買されました。売買代金で 95 億円もの大口取引でした。これほど巨額の売買を立会内で行うと株価が乱高下してしまいます。それで ToSTNeT-1 という大口取引専用の場で売買されました。5 月 10 日、理系学生の就職支援等を行うメディア総研の株主は 1 株 1,639 円で 3 万株売出しました。売買代金は 5 千万円ほどでしたが、平均的な売買高の 10 倍であることをふまえて立会外で分売しました。5 月 15 日、大手ゼネコンの鹿島は自社株を 650 万株買付けました。これほど大量の株を立会内で買付けると株価が一時的に跳ね上がる恐れがあります。それを避けるために立会外で買付けました。ToSTNeT や立会外で株式が売買されると、株主の構成が大幅に変わることがあります。株式を長期保有する投資家は注意が必要です。

会社名	ソニー	メディア総研	鹿島
取引約定日	5 月 15 日	5 月 10 日	5 月 15 日
取引の場	ToSTNeT-1	立会外分売	立会外買付
売買高	733,200 株	30,000 株	6,500,000 株
売買代金	95 億円ほど	5 千万円ほど	176 億円ほど
約定価格	12,950 円	1,639 円	2,715 円
市場価格	12,950 円	1,601 円	2,665 円

図表 3–14　立会外取引（2024 年 5 月）[*17]

る。フラッシュ・クラッシュについては岡村訳（2020）を参照。

[*17] 日本取引所グループ,ToSTNeT 取引 超大口約定情報、立会外分売情報、自己株式立会外買付取引情報から 1 例ずつ掲げた。ToSTNeT 取引については東京証券取引所,ToSTNeT 市場に関する業務規程及び受託契約準則の特例を、立会外分売については東京証券取引所, 業務規程,42 条から 47 条を、自己株式の取得については太田・岡本（2016）を参照。

社内取引システム（ダークプール）については金融商品取引法 35 条の 2、金融商品取引業等に関する内閣府令 70 条の 2 を参照。渡会・東江訳（2019,p.324）に「アメリカ株式市場全体の売り買い注文のうちわずか一〇パーセント以下の注文しか扱わない投資銀行が、顧客の注文の半分以上を、自らのダークプールの中で約定させている。こうしていまや投資銀行は、自分たちのダークプールで、市場全体の三八パーセントを動かすようになった」とある。渡会・東江訳（2019,pp.71–77,pp.170–171,pp.183–184）も参照。

Reference

- 太田浩司・岡本進之介『相対取引による自己株式取得の実態』関西大学商学論集 61, 2, 1–29, 2016 年。
- 大山篤之・奥出慎太郎・鈴木賢太・福山義隆『高速取引行為の特性分析』金融庁, 金融研究センター, 2021 年。
- 大山篤之・福山義隆・角七凌太『高速取引（HFT）のスピード競争の現状とその影響』金融庁, 金融研究センター, 2022 年。
- 証券コード協議会『証券コードの将来対応に関する再確認 〜固有名コード枯渇後の基本方針について〜』2019 年。
- 証券コード協議会『英文字を含む株式銘柄コード（固有名コード）の付番順序の決定について（「株式及び公社債銘柄コードの設定、変更及び削除に関する取扱い要領」の一部改正）』2023 年 (a)。
- 証券コード協議会『証券コードへの英文字組入れの開始について』2023 年 (b)。
- 株式会社東京証券取引所『次期売買システム稼働に伴う売買制度の見直しについて』一部文言修正版, 2024 年 6 月 14 日。
- 株式会社東京証券取引所 IT 開発部『東証公式ガイド 精選例題でわかる株式取引ルール』きんざい, 2021 年。
- NTT データ・フィナンシャル・ソリューションズ先端金融工学センター編著『アルゴリズム取引の正体』金融財政事情研究会, 2018 年。
- Lewis, Michael 著, 渡会圭子・東江一紀訳『フラッシュ・ボーイズ —10 億分の 1 秒の男たち—』文藝春秋, 2019 年。
- Patterson, Scott 著, 永野直美訳『ウォール街のアルゴリズム戦争』日経 BP 社, 2015 年。
- Vaughan, Liam 著, 岡村桂訳『フラッシュ・クラッシュ —たった一人で世界株式市場を暴落させた男—』KADOKAWA, 2020 年。
- Easley, David, Marcos M. Lopez de Prado, and Maureen O'Hara, 2012, Flow Toxicity and Liquidity in a High-Frequency World, Review of Financial Studies, 25, 5, 1457–1493.
- Foucault, Thierry, Ohad, Kadan, and Eugene Kandel, 2013, Liquidity Cycles and Make/Take Fees in Electronic Markets, Journal of Finance, 68, 1, 299–341.
- Kirilenko, Andrei A., and Andrew W. Lo, 2013, Moore's Law versus Murphy's Law: Algorithmic Trading and Its Discontents, Journal of Economic Perspectives, 27, 2, 51–72.
- Tokyo Stock Exchange, 2019, Guide to TSE Trading Methodology.

Reading List

- 株式会社東京証券取引所『取引時間の延伸の正式決定について』日本取引所グループ プレスリリース, 2023 年 9 月 20 日。
- Myerson, Roger, and Mark A. Satterthwaite, 1983, Efficient Mechanisms for Bilateral Trading, Journal of Economic Theory, 29, 2, 265–281.

II

株式投資の理論

Quotes

「ポートフォリオ選択の過程は 2 段階に分けられる。第 1 段階は観察と経験にはじまり予想（belief）の形成に終わる。第 2 段階は未来に明らかになる投資結果の予想にはじまりポートフォリオの選択に終わる。本稿では第 2 段階を取り扱う」（Markowitz, Harry Max, 1952, Portfolio Selection, Journal of Finance, 7, 1, 77–91；p.77 から訳文は筆者）

「すべての卵を 1 つのバスケットに入れるより、別々のバスケットに入れるほうがリスクは小さい」（Chambers, S.P., 1934, Fluctuations in Capital and the Demand for Money, Review of Economic Studies, 2, 1, 38–50；p.46 から訳文は筆者）

「インデックス・ファンドは一般に、運用期間や投資家にはひどく人気がない。しかし、インデックス・ファンドを買うことは投資の「ドリーム・チーム」の総意を結集したのと同じ意味を持つ。もっとも、「ドリーム・チーム」のコンセンサスに沿って行動することに、異を唱える運用機関や投資家は少なくない。それでは平均程度のリターンしか得られないではないか、あるいは「アメリカらしくない」ではないか、といった不満さえ聞かれる。残念なことにパッシブ運用は非常に過小評価されているのが現実だ。しかし、長期的に見れば、80% のプロの運用機関よりも、そして個人投資家と比べればはるかに高いリターンを得ることができるはずである」（Ellis, Charles D. 著, 鹿毛雄二訳『敗者のゲーム』原著第 6 版, 日本経済新聞出版社, 2017 年, pp.67–68）

4 株式投資の利益と利益率

前章までで投資を始める準備が整いました。第 2 部では株式投資の理論について学びます。本章では、そのはじめとして、株式投資の成果を測る方法を紹介します。

4.1 株式投資の利益

株式投資の利益はキャピタルゲインとインカムゲインからなります。

$$\text{投資利益} = \underbrace{\text{キャピタルゲイン}}_{\text{売買によって得る}} + \underbrace{\text{インカムゲイン}}_{\text{保有によって得る}}$$

株式の売買によって得る利益をキャピタルゲインといいます。キャピタルゲインは売却額と購入額の差です。たとえば、100 万円で購入した株式を 105 万円で売却すると 5 万円のキャピタルゲインが得られます。

$$\begin{aligned}\text{キャピタルゲイン} &= \text{売却額} - \text{購入額} \\ &= 105\text{ 万円} - 100\text{ 万円} \\ &= 5\text{ 万円}\end{aligned}$$

売却額が購入額を下回ると損失が生じます。100 万円で購入した株式を 95 万円で売却すると 5 万円のキャピタルロスが生じます。

株式を保有していると得られる収入をインカムゲインといいます。第 1 章で学んだように、株主は剰余金配当請求権を持ちます。株主総会で配当の支払いが決議されると、株主は配当を得ます。インカムゲインは株式投資の利益を構成する重要な要素です。しかし、インカムゲインを考慮に入れると、株式投資の分析はとても複雑になります。そこで、特に断りがない限り、本書はインカムゲインを考慮外とします。また、売買委託手数料とキャピタルゲイン課税も考慮外とします。

4.2 株式投資の利益率

前節で説明した投資利益は、株式投資の効率を測る適切なものさしでしょうか。例を用いて考えましょう。株式 A を 100 万円で購入して 105 万円で売却するという投資と、株式 B を 200 万円で購入して 208 万円で売却するという投資があるとしましょう。投資の効率が高いのはどちらでしょうか。それぞれの投資利益は次のように計算されます。

$$\text{株式 } A \text{ の投資利益} = 105 \text{ 万円} - 100 \text{ 万円} = 5 \text{ 万円}$$
$$\text{株式 } B \text{ の投資利益} = 208 \text{ 万円} - 200 \text{ 万円} = 8 \text{ 万円}$$

株式 B に投資して得られる利益は株式 A より 3 万円多いですが、株式 B の投資額は株式 A より 100 万円多いです。利益が多い株式 B の投資効率が高いようにも思えますし、投資額が少なくてすむ株式 A の投資効率が高いようにも思えます。

すっきりした解を得るために、投資額を 200 万円にそろえて利益を比べてみましょう。このとき、株式 A は 200 万円で 2 株、株式 B は 200 万円で 1 株購入できます[*1]。すると、下式のように、株式 A の投資利益は 10 万円、株式 B の投資利益は 8 万円になります。

$$\text{株式 } A \text{ の投資利益} = (105 \text{ 万円} - 100 \text{ 万円}) \times 2 \text{ 株} = 10 \text{ 万円}$$
$$\text{株式 } B \text{ の投資利益} = (208 \text{ 万円} - 200 \text{ 万円}) \times 1 \text{ 株} = 8 \text{ 万円}$$

つづいて、購入額を 1 円にそろえて利益を比べてみましょう。このとき、株式 A は 100 万分の 1 株、株式 B は 200 万分の 1 株購入できます。すると、下式のように、株式 A の投資利益は 0.05 円、株式 B の投資利益は 0.04 円になります。

$$\text{株式 } A \text{ の投資利益} = (105 \text{ 万円} - 100 \text{ 万円}) \times \frac{1}{100 \text{ 万株}} = 0.05 \text{ 円}$$
$$\text{株式 } B \text{ の投資利益} = (208 \text{ 万円} - 200 \text{ 万円}) \times \frac{1}{200 \text{ 万株}} = 0.04 \text{ 円}$$

投資額を 1 円にそろえるということは、投資額 1 円あたりのもうけ、すなわち投資の効率を比べるということです。それで、投資額 1 円あたりの投資効率のことを利益率といいます[*2]。

[*1] すでに学んだように、東京証券取引所では、個別株式の売買単位は 100 株に統一されている。ここでは思考実験の助けとして 1 株単位、あるいはそれ未満の小さな単位で売買できると仮定する。

[*2] Markowitz（1952,p.77）に「時点 t に株式 i へ投資して得られる 1 ドル当たりの予想利益を r_{it} とおく。」（訳文は筆者）とある。

利益率は次式から計算します。

$$利益率 = \frac{売却額 - 購入額}{購入額}$$

株式 A と株式 B の利益率を求める式は、上に掲げた購入額 1 円あたりの利益を求める式と同じ形をしています[*3]。

$$株式 A の利益率 = \frac{105 万円 - 100 万円}{100 万円} = 0.05$$

$$株式 B の利益率 = \frac{208 万円 - 200 万円}{200 万円} = 0.04$$

株式投資の研究では、上式の算術利益率ではなく、下式の対数利益率を用いることが多いです[*4]。

$$対数利益率 = \ln\left(\frac{売却額}{購入額}\right)$$

私たちの多くは対数と聞くだけで身構えてしまいますが、電卓や表計算ソフトの関数機能を使って計算できますので心配いりません。表計算ソフトを用いて計算すると、下式のように株式 A の対数利益率はおおよそ 0.049、株式 B の対数利益率はおおよそ 0.039 になります。対数利益率は算術利益率に近い値をとります。対数利益率には本章の補論で示すような利点がありますので、特に断りのない限り、本書では対数利益率を用います[*5]。

$$株式 A の対数利益率 = \ln\left(\frac{105 万円}{100 万円}\right) = 0.04879\cdots$$

$$株式 B の対数利益率 = \ln\left(\frac{208 万円}{200 万円}\right) = 0.03922\cdots$$

[*3] 分母と分子の単位がともに金額であるため、計算結果は金額から率の概念に変わる。

[*4] 式中の ln は自然対数を表す。対数利益率については本章の補論を参照。

[*5] 配当や税金を考慮に入れた分析は Naranjo et al.（1998）等を参照。

4.3　利益率の分布

図表 4–1 は、家電や住宅設備のメーカーであるパナソニックの月次株価から作成した対数利益率です。利益率は 0 あたりを中心に上下しているようにみえます。このような利益率のばらつきのようすを利益率の分布といいます。

株式に投資しようとする投資家は、利益率の分布の特徴をできるだけ詳しく知りたいはずです。しかし、この図表から分布の特徴を詳しく知るのは困難です。

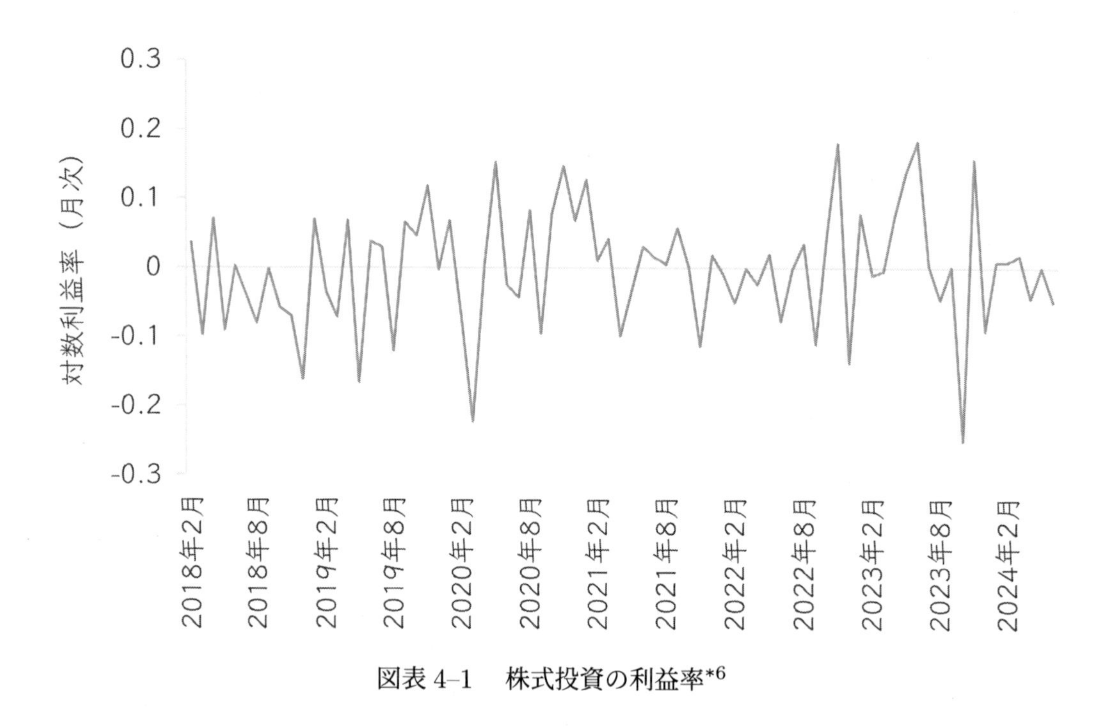

図表 4–1　株式投資の利益率[*6]

図表 4–2 は、分布の特徴をもう少し詳しく知りたいという投資家の気持ちに応えるために、図表 4–1 のデータを集計して作成したヒストグラムです[*7]。横軸は利益率の階級、縦軸は利益率が特定の階級の範囲内にある度数を表しています。度数が最も高いのは利益率が -0.02 から 0.02 の階級です。また、利益率が 0.02 を超えて高くなるにしたがい、利益率が -0.02 を超えて低くなるにしたがい、度数は低くなる傾向にあります。このような、山の頂が 1 つである分布の特徴を単峰性、大まかに左右対称にみえる分布の特徴を対称性といいます。

*6 日経 NEEDS Financial Quest からパナソニック ホールディングス株式会社の株価データを取得し作成。

*7 日経 NEEDS Financial Quest からパナソニック ホールディングス株式会社の株価データを取得し作成。裾両端の株価リターンが観察されない領域は表示していない。

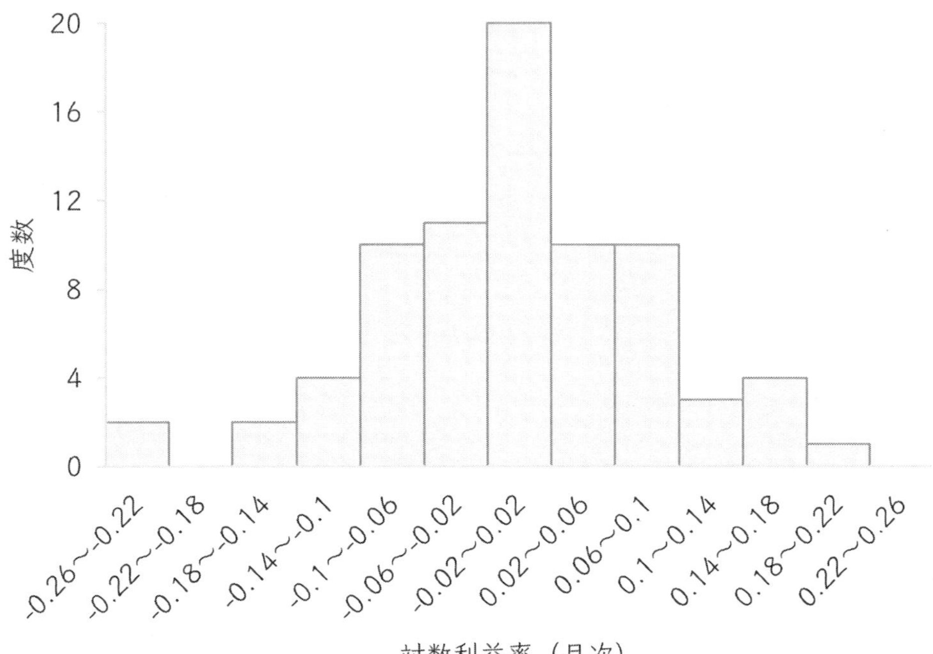

図表 4–2　ヒストグラム

4.4　分布のモデル

図表 4–2 をモデル化してみましょう。モデル化とは、分布の特徴を統計学の言葉で表す作業のことです。単峰性と対称性をあわせ持つ確率分布に二項分布があります。そこで、利益率の分布を二項分布で近似してみます。1 か月を月の前半と後半に分け、それぞれの期間の利益率が確率 50% で 0.02、確率 50% で -0.02 となる分布を考えます。このとき、利益率の分布は図表 4–3 のようになります。

2 期間後に利益率が $+0.04$ になるのは、1 期間めと 2 期間めの利益率がともに $+0.02$ であるときです。1 期間めの利益率が $+0.02$ になる確率と 2 期間めの利益率が $+0.02$ になる確率はともに 50% ですので、2 期間後に利益率が $+0.04$ になる確率は $50\% \times 50\% = 25\%$ になります。

2 期間後に利益率が 0 になるのは、1 期間めの利益率が $+0.02$ で 2 期間めの利益率が -0.02 であるときと、1 期間めの利益率が -0.02 で 2 期間めの利益率が $+0.02$ であるときです。よって、2 期間後に利益率が 0 になる確率は $50\% \times 50\% + 50\% \times 50\% = 50\%$ です。

2 期間後に利益率が -0.04 になるのは、1 期間めと 2 期間めの利益率がともに -0.02 であるときです。1 期間めと 2 期間めの利益率が -0.02 になる確率はいずれも 50% ですので、2 期間後に利益率が -0.04 になる確率は $50\% \times 50\% = 25\%$ です。

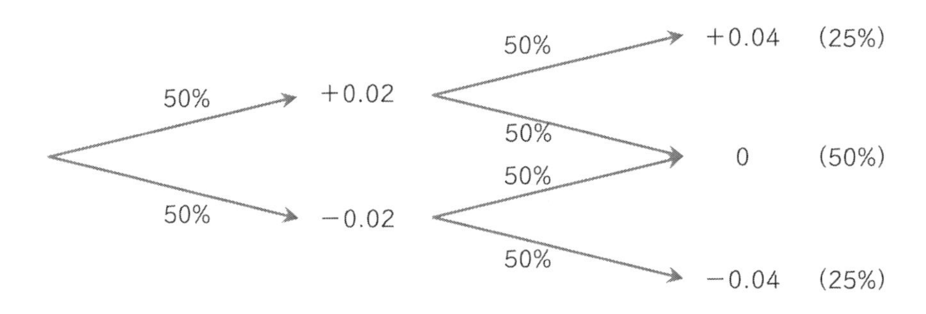

図表 4–3　二項分布（2 期間）[*8]

図表 4–4 の左図は図表 4–3 の分布をグラフにしたものです。この図は利益率の分布にみられる単峰性と対称性という特徴を備えていますが、実際の利益率の分布を表す図表 4–2 と似ていません。図表 4–4 の右図は、実際の分布に近づけるために、1 か月を 20 の期間に分割して得られた分布をグラフにしたものです。この図は図表 4–2 に近い形をしています。

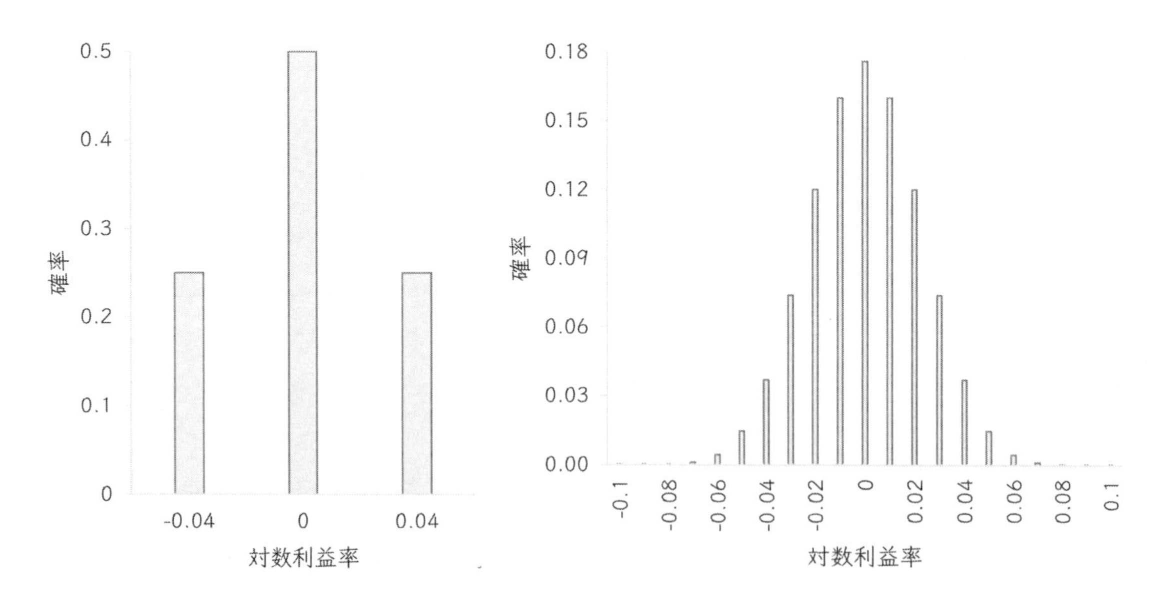

図表 4–4　二項分布による利益率のモデル化[*9]

*8 二項分布によるモデル化は利益率の自己相関が 0 である仮定にもとづく。

*9 金融商品取引所の営業日数は 1 か月あたり 20 日前後である。

二項分布が実際の利益率の分布に近いのは、株価を押し上げるニュースと押し下げるニュースがランダムに公表されるためだと考えられます。会社にとって良いニュースと悪いニュースがランダムに公表されるとき、その会社の株式の利益率はランダムに動きます[*10]。二項分布はこうした利益率の動きをうまく捉えているようです。

二項分布は離散変数の分布であることに注意が必要です。離散変数とは、図表 4–5 のように、とりうる値が離れている数のことです。このとき、利益率が –0.04、0、+0.04 になる確率を考えることはできますが、他の値になる確率を考えることはできません。さまざまな値をとりうる株式投資の利益率を二項分布でモデル化するのは適切といえません。

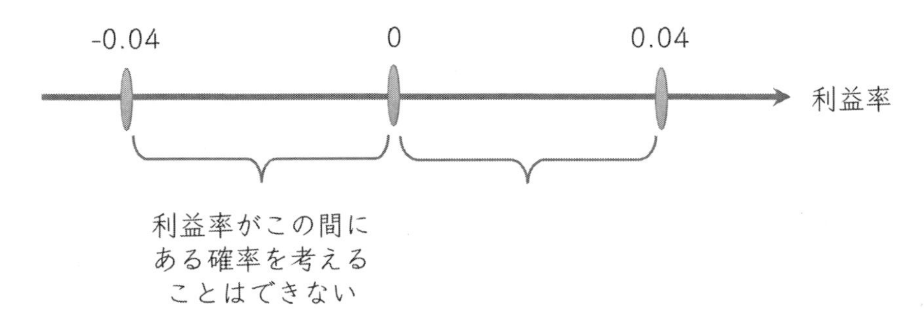

図表 4–5　離散変数

この問題は、連続変数の分布を用いて株式投資の利益率をモデル化することで回避できます。連続変数は数直線上の値をすきまなくとることができますので、分布の範囲内にあるすべての利益率の確率を考えることができます。たとえば、利益率が –0.01 になる確率や +0.002 になる確率も考えることができます。

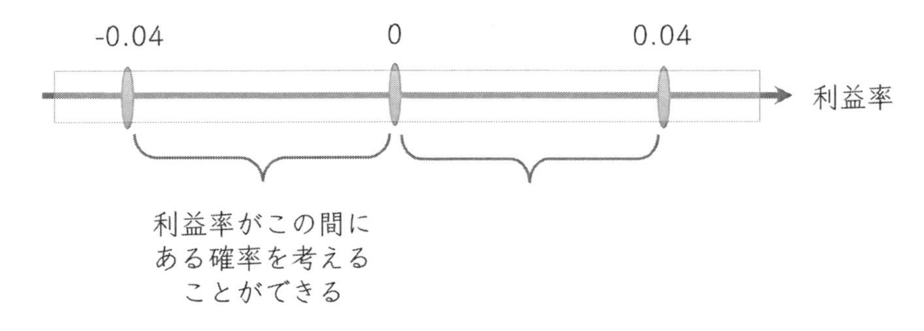

図表 4–6　連続変数

---

*10 Fama (1965,p.36) に、株式の本質的な価値は、ランダムに発生する「研究開発の成功、経営陣の刷新、外国による関税措置、産業の生産量拡大などに関する新しい情報によって変化する」(訳文は筆者) とある。

分布の性質が二項分布と似ている連続変数の分布に正規分布があります。図表 4–7 は図表 4–2 のヒストグラムを正規分布で近似したものです。正規分布は利益率の分布をかなりよく近似しています[*11]。

分布の中心をみると、利益率が −0.02 から +0.02 のあいだにある確率は正規分布のモデルの想定よりかなり高いことがわかります。また、分布の左端をみると、利益率が非常に低くなる確率は正規分布のモデルの想定より高いことがわかります。利益率が −0.26 から −0.22 にある確率は、正規分布のモデルでは 0.45% ほどですが、パナソニック ホールディングスの利益率の相対頻度は 3% ほどです。

これは、「株式市場は、正規分布のモデルが想定するよりも凪と嵐の頻度が高い」ことを示しています。嵐のような暴落や暴騰が理論の想定より高い頻度で起きることを Fat Tail といいます。これから株式に投資しようとする人は、分布のこの特徴を肝に銘じておくべきです[*12]。

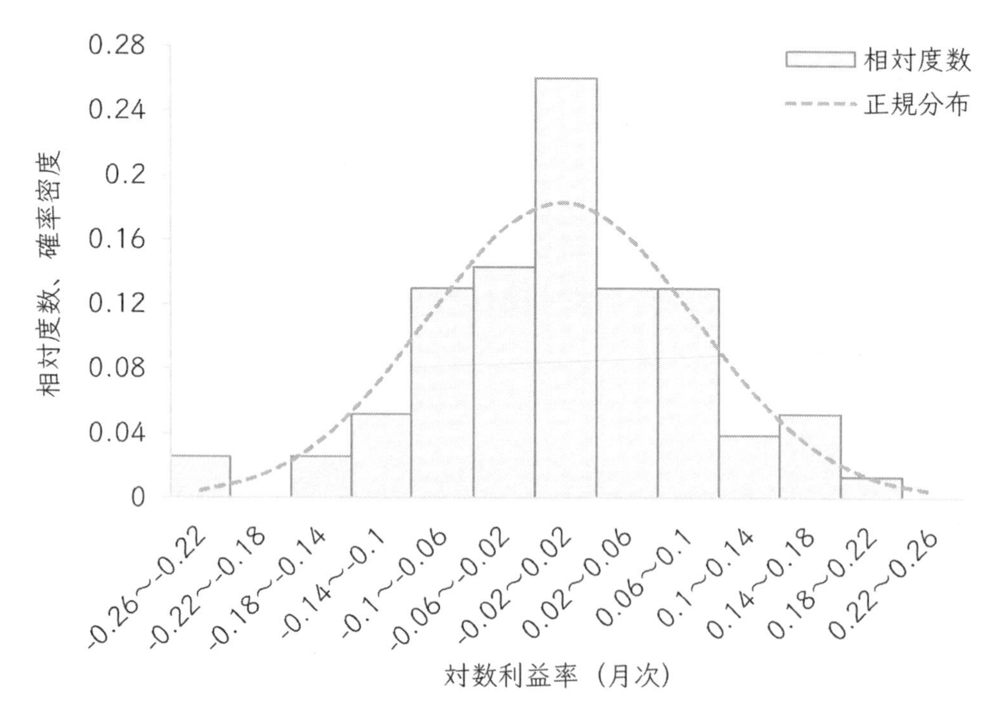

図表 4–7　正規分布による近似[*13]

[*11] 連続変数の「確率」を確率密度という。

[*12] 分布の裾が正規分布より厚いことから Fat Tail、Long Tail という（Mandelbrot,1963, Fama,1965）。Maheu and McCurdy（2000）は上げ相場と下げ相場の価格変動の大きさが異なること、Maheu and McCurdy（2004）は大きなニュースが時折到着することからこの現象を説明している。

[*13] 日経 NEEDS Financial Quest からパナソニック ホールディングス株式会社の株価データを取得し作成。ヒストグラムは図表 4–2 の度数から相対度数に変えて掲げた。裾両端の株価リターンが観察されない領域は表示していない。

補論　対数利益率

株式投資の研究では対数利益率を用いることが多いです。Fama という人は、その理由として、①対数利益率は連続複利の利益率であること、②株価が上がるにしたがい株価の変動は大きくなること、③ ±15% くらいまでは対数利益率と算術利益率がほぼ同じ値をとることを挙げています[*14]。

①について、複利とは、第 2 章で学んだように、「前期終了時の残高全てを次期に再投資する」運用のしかたです。連続とは、図表 4–8 のように、投資の始めから終わりまでを無限の微小期間に分割することを意味します。

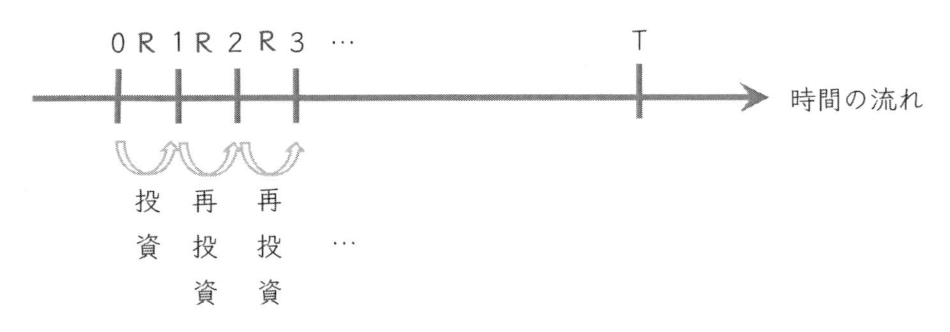

図表 4–8　連続複利

金額 S_0 を期間 T だけ複利運用することを考えます。仮に投資の期間 T を 2 等分すると、複利運用の成果 S_T は下式から得られます。

$$S_T = S_0 \left(1 + \frac{R}{2}\right)^{2T}$$

投資を微小期間に無限分割したときの成果は

$$S_T = S_0 \lim_{j \to \infty} \left(1 + \frac{R}{j}\right)^{jT}$$

右辺の括弧内の値は e^{RT} に収束することが知られています。つまり

$$e^{RT} = \lim_{j \to \infty} \left(1 + \frac{R}{j}\right)^{jT}$$

ここで e はネイピア数（自然対数の底）です。これを上の式に代入した下式は連続複利の運用成果を表します。

---

*14 Fama（1965,pp.45–46）を参照。Fama は 2013 年にノーベル経済学賞を受賞した。

$$S_T = S_0 e^{RT}$$

この式を R について解くと、対数利益率 $\ln\left(\frac{S_T}{S_0}\right)$ が現れます。連続複利の成果は対数利益率によって表されます。

$$\frac{S_T}{S_0} = e^{RT}$$

$$\ln\left(\frac{S_T}{S_0}\right) = RT$$

$$R = \frac{1}{T}\ln\left(\frac{S_T}{S_0}\right)$$

②については説明がとても難しいです。Wiener 過程 dZ_t を用いて、時点 t に価格が P_t である株式の利益率が微小期間に平均 μ、標準偏差 σ で変動するようすを表した次式から、株価（P_t）が高くなるにしたがい株価の変動（$\sigma P_t dZ_t$）は激しくなることがわかります。

$$dP_t = \mu P_t dt + \sigma P_t dZ_t$$

③については図表 4–9 をみましょう。図表は 100 万円で購入した株式をさまざまな価額で売却したときの利益率を表しています。購入額と売却額に大きな差がないとき、算術利益率と対数利益率の値は近くなります。

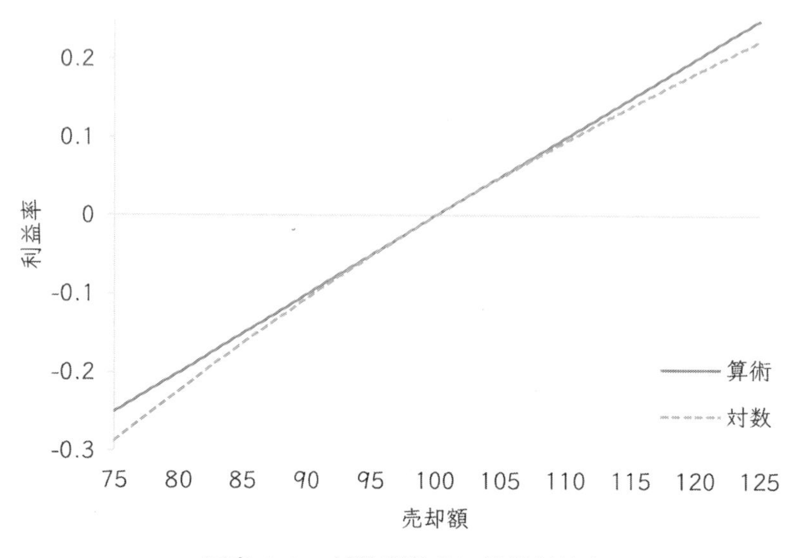

図表 4–9　対数利益率と算術利益率

もう 1 つ、平均値の求めやすさも対数利益率の利点です。図表 4–10 はこのことを数値例で示しています。投資の期間が 2 期間あり、投資開始時点の株価を 100、時点 1 の株価を 110、時点 2 の株価を 100 とします。このとき、1 期間めの算術利益率は 0.1、2 期間めの算術利益率は −0.0909 ⋯ です。一方、1 期間めの対数利益率は 0.0953⋯、2 期間めの対数利益率は −0.0953⋯ です。足して 2 で割るふつうの方法で平均を計算すると、算術利益率の平均は 0.0045⋯、対数利益率の平均は 0 となります。2 期間経過後に株価が元の水準に戻るのにもかかわらず、算術利益率の算術平均は 0 になりません。

時点	株価	算術利益率	対数利益率
0	100		
1	110	0.1	0.0953⋯
2	100	−0.0909⋯	−0.0953⋯
利益率の算術平均		0.0045⋯	0

図表 4–10　利益率の算術平均

算術利益率の平均を適切に求めるには幾何平均の式を用います。一般に、各期の算術利益率が $R_1, R_2, \cdots, R_n$ であるとき、幾何平均は

$$\text{算術利益率の幾何平均} = \sqrt[n]{(1+R_1)\times(1+R_2)\times\cdots\times(1+R_n)} - 1$$

図表 4–10 の数値を代入して計算すると

$$\begin{aligned}\text{算術利益率の幾何平均} &= \sqrt[2]{(1+0.1)\times(1+(-0.0909\cdots))} - 1\\ &= 1-1\\ &= 0\end{aligned}$$

対数利益率を使うと、平均を計算するときこのような難しい式を使わずにすみます。

Reference

- Fama, Eugene Francis, 1965, The Behavior of Stock-Market Prices, Journal of Business, 38, 1, 34–105.
- Maheu, John M., and Thomas H. McCurdy, 2000, Identifying Bull and Bear Markets in Stock Returns, Journal of Business and Economic Statistics, 18, 1, 100–112.
- Maheu, John M., and Thomas H. McCurdy, 2004, News Arrival, Jump Dynamics, and Volatility Components for Individual Stock Returns, Journal of Finance, 59, 2, 755–793.
- Mandelbrot, Benoit, 1963, The Variation of Certain Speculative Prices, Journal of Business, 36, 4, 394–419.
- Markowitz, Harry Max, 1952, Portfolio Selection, Journal of Finance, 7, 1, 77–91.
- Naranjo, Andy, M. Nimalendran, and Mike Ryngaert, 1998, Stock Returns, Dividend Yields, and Taxes, Journal of Finance, 53, 6, 2029–2057.

Reading List

- Bowman, K.O., and L.R. Shenton, 1975, Omnibus Test Contours for Departures from Normality Based on $\sqrt{}$ b1 and b2, Biometrika, 62, 2, 243–250.
- Fisher, Irving, and A.C.Littleton, 1930, General Comments, Accounting Review, 5, 1, 55–59.
- Granger, C.W.J., 1968, Aspects of the Random Walk Model of Stock Market Prices, International Economic Review, 9, 2, 253–257.
- Jarque, Carlos M., and Anil K. Bera, 1987, A Test for Normality of Observations and Regression Residuals, International Statistical Review, 55, 2, 163–172.
- Kon, Stanley J., 1984, Models of Stock Returns —A Comparison, Journal of Finance, 39, 1, 147–165.
- Lintner, John, 1964, The Valuation of Risk Assets and the Selection of Risky Investments in Stock Portfolios and Capital Budgets, Review of Economics and Statistics, 47, 13–37.
- Lo, Andrew W., and A. Craig MacKinlay, 1988, Stock Market Prices Do not Follow Random Walks: Evidence from a Simple Specification Test, Review of Financial Studies, 1, 1, 41–66.
- Longin, François M., 1996, Asymptotic Distribution of Extreme Stock Market Returns, Journal of Business, 69, 3, 383–408.
- Osborne, M.F.M., 1959, Brownian Motion in the Stock Market, Operations Research, 7, 2, 145–173.
- Samuelson, Paul Anthony, 1973, Proof that Properly Discounted Present Values of Assets Vibrate Randomly, Bell Journal of Economics and Management Science, 4, 2, 369–374.
- Seligman, Edwin R. A., 1919, Are Stock Dividends Income?, American Economic Review, 9, 3, 517–536.

5　リターンとリスク

株式投資の利益率は、投資を終える未来に判明します。しかし、投資するかしないか、どの株式に投資するかは今決めなければなりません。結果が不確かなことを今決断するのには心理的な負担がともないます。貴重な資金を株式に投ずる決断は重いものです。本章では、この負担を和らげるための 2 つの指標を紹介します。

5.1　未来に向けて投資するということ

図表 5–1 は投資期間を 20 日とした株式投資の累積利益率を表しています。

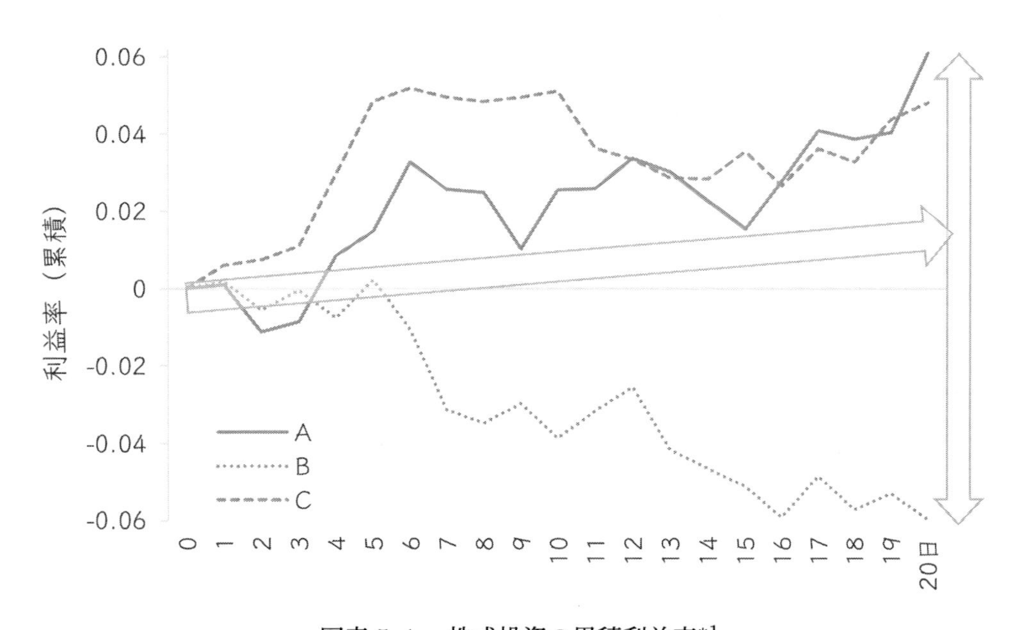

図表 5–1　株式投資の累積利益率*1

*1 Hicks（1935）の第Ⅳ節、Hirshleifer（1964,p.77）を参照して作成。

グラフの横軸は取引日を、縦軸は利益率を表しています。ケース A では 2 日目と 3 日目に利益率がマイナスになりますが、その後はプラス圏を推移しています。ケース B では利益率がほぼ一貫してマイナス圏を推移し、ケース C では利益率が一貫してプラス圏を推移しています。

投資を始める時点で、投資を終えるときの累積利益率を知ることはできません。利益を求めて投資しても、ケース B のように損失をこうむることもあります。「結果は未来に現われるが、投資を決断するのは今である」ことが投資のむずかしさです[*2]。

株式投資の研究者は、利益率のおおよその予想値と、予想値と実際に得られる利益率とのずれを推定することで心理的な負担を軽くできると主張しています。利益率の予想値は期待利益率で、予想値と実際に得られる利益率とのずれは標準偏差で測ります[*3]。

5.2 期待利益率と標準偏差

輸出企業の株式と輸入企業の株式を例に、期待利益率と標準偏差の計算手順を説明します[*4]。輸出企業は製品を海外に輸出して外貨を得ます。よって、輸出企業の円建ての利益は為替レートが変動すると増減します。円高になると円建ての利益は減り、円安になると円建ての利益は増えます。輸入企業は原材料を輸入するとき外貨で払います。よって、輸入企業の円建ての利益も為替レートが変動すると増減します。円高になると円建ての利益は増え、円安になると円建ての利益は減ります[*5]。

図表 5–2 は、こうした観察をもとに、投資を始めるとき推定された生起確率と条件別利益率を表しています。生起確率とは、ある出来事が起こる確率です。為替レートが円高になる確率は 20%、為替レートに変化がない確率は 60%、円安になる確率は 20% です。条件別利益率とは、ある出来事が起こるときに得られる利益率です。輸出企業の株式に投資すると、円高になるとき 0.05、為替レートに変化がないとき 0.1、円安になるとき 0.2 の利益率が得られます。輸入企業の株式に投資すると、円高になるとき 0.1、為替レートに変化がないとき 0.06、円安になるとき 0.02 の利益率が得られます。

起こりうる経済の状態をすべて列挙して生起確率と条件別利益率を推定するのは難しい作業です。ここでは、難しい作業が適切になされたことを前提に説明を進めます[*6]。

[*2] 長尾監修・岡村訳（2010,p.34）に「最終的な株価についてはどんな投資家でも予測することしかできず、だれも確かなことが分からないのだ」とある。

[*3] 期待利益率は予想利益率、期待収益率、予想収益率とも表記する。

[*4] 詳細は Markowitz（1952）参照。村井・北川訳（2020,pp.428–431）に平均と分散の美意識についての記述がある。

[*5] 為替レートの変動、企業の利益、株式投資の利益率の関係は本章の補論 1 を参照。

[*6] 統計学については浅井・村上訳（2013）、確率については原（2018）、清水（2019）、岩田（2022）等を参照。

為替レート	生起確率	条件別利益率 輸出企業株	輸入企業株
円高	20%	0.05	0.1
不変	60%	0.1	0.06
円安	20%	0.2	0.02

図表 5–2　株式投資の条件別利益率[7]

期待利益率　図表 5–2 のように、起こりうる出来事が {円高, 不変, 円安} の 3 とおりであるとき、期待利益率は下式から得られます。

$$ER = p_{円高} \times R_{円高} + p_{不変} \times R_{不変} + p_{円安} \times R_{円安}$$

記号を用いて式を立てるとき、下式のようにかけ算の記号を省くことがあります。かけ算の記号を省いても式が意味するところは変わりません。本書では、記号を用いて式を立てるとき、かけ算の記号を省くことにします。

$$ER = p_{円高}R_{円高} + p_{不変}R_{不変} + p_{円安}R_{円安}$$

式中の p は生起確率です。円高になる確率は 20% ですので、$p_{円高} = 20\%$ です。同様に $p_{不変} = 60\%$、$p_{円安} = 20\%$ です。R は条件別利益率です。円高になるときの輸出企業株の利益率は 0.05 ですので、$R_{円高} = 0.05$ です。同様に $R_{不変} = 0.1$、$R_{円安} = 0.2$ です。これらの値を期待利益率を求める式に代入して計算すると、下式のように 0.11 になります。同じ手順で輸入企業株の期待利益率を計算すると 0.06 になります。

$$\begin{aligned} ER &= p_{円高}R_{円高} + p_{不変}R_{不変} + p_{円安}R_{円安} \\ &= 20\% \times 0.05 + 60\% \times 0.1 + 20\% \times 0.2 \\ &= 0.01 + 0.06 + 0.04 \\ &= 0.11 \end{aligned}$$

[7] まぎれを避けるために、本書は確率をパーセントで、利益率を小数で表記する。第 4 章で説明したように、株式投資の利益率は連続変数の分布でモデル化することが望ましいが、ここでは計算の負担を和らげるために簡素な離散変数の例を用いる。

この例をはなれても期待利益率を計算できるように、式を一般化します。起こりうる出来事は必ずしも 3 とおりではなく、10 とおり、100 とおりかもしれません。起こりうる出来事が一般に S とおりであるとき、期待利益率は下式から得られます。

$$ER = p_1 R_1 + p_2 R_2 + \cdots + p_S R_S$$

ここで、$\{1, 2, \cdots, S\}$ は起こりうる出来事を表します。たし算の記号 Σ を用いると、式をコンパクトに表記できます*8。

$$ER = \sum_{s=1}^{S} (p_s R_s)$$

標準偏差 投資を終えるときに現れる利益率は、期待利益率より高いことも低いこともあります。投資を終えるときに現れる利益率と期待利益率とのずれを偏差といいます。そして、偏差の標準値を標準偏差といいます。

為替レートが円高になるとき、輸出企業株の利益率は 0.05 です。このときの偏差は下式から得られます。

$$偏差_{円高} = R_{円高} - ER = 0.05 - 0.11 = -0.06$$

同様に、為替レートに変化がないときの偏差は

$$偏差_{不変} = R_{不変} - ER = 0.1 - 0.11 = -0.01$$

そして、為替レートが円安になるときの偏差は

$$偏差_{円安} = R_{円安} - ER = 0.2 - 0.11 = +0.09$$

図表 5–3 は輸出企業の株式の偏差を表しています。為替レートが円高になるときと為替レートに変化がないとき、偏差はマイナスです。為替レートが円安になるとき、偏差はプラスです。偏差は、リターンのばらつきのようすを、期待利益率を中心に標準化したものです。

*8 たし算の記号 Σ については本章の補論 2 を参照。

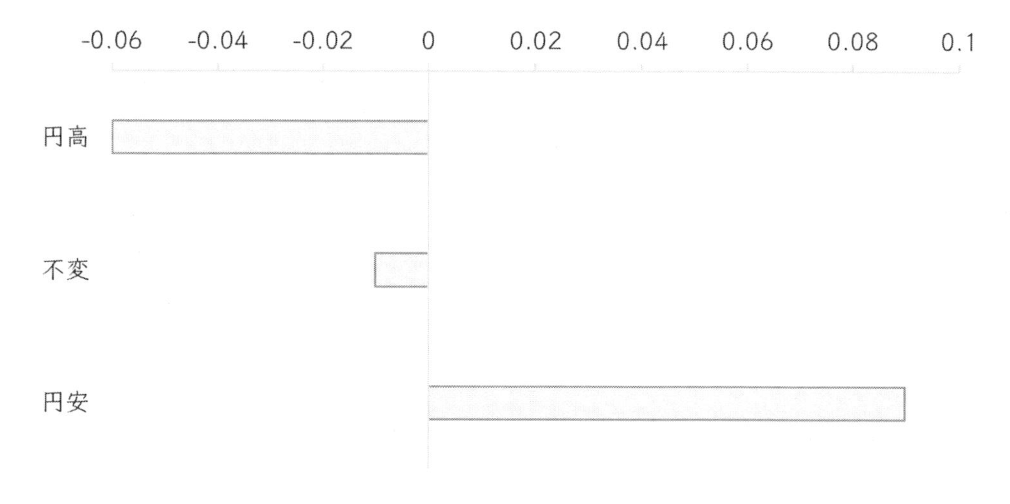

図表 5–3　偏差（輸出企業の株式）

図示されている 3 つの偏差の「標準値」はどのように算出すべきでしょうか。1 つの方法として、偏差を生起確率で重み付けして計算することが考えられます。この方法で偏差の標準値を計算すると

$$p_{\text{円高}}(\text{偏差}_{\text{円高}}) + p_{\text{不変}}(\text{偏差}_{\text{不変}}) + p_{\text{円安}}(\text{偏差}_{\text{円安}})$$
$$= 20\% \times (-0.06) + 60\% \times (-0.01) + 20\% \times (+0.09) = 0$$

円高、不変、円安のいずれが起きても偏差は 0 でないのに、計算結果は 0 になります[*9]。0 でない偏差の標準値が 0 になってしまうのは、計算の過程で負の偏差（第 1 項と第 2 項）と正の偏差（第 3 項）が打ち消しあうためです。これは、上式が偏差の標準値を求める適切な方法でないことを示しています。

正と負の偏差が打ち消しあわないように、偏差を 2 乗してから生起確率で重み付けしてみましょう。輸出企業株の偏差をそれぞれ 2 乗すると次のようになります。

$$(\text{偏差}_{\text{円高}})^2 = (-0.06)^2 = 0.0036$$
$$(\text{偏差}_{\text{不変}})^2 = (-0.01)^2 = 0.0001$$
$$(\text{偏差}_{\text{円安}})^2 = (+0.09)^2 = 0.0081$$

生起確率で重み付けして計算すると

[*9] 偏差の（加重）平均は定義上 0 になる。

$$\sigma^2 = p_{円高}(偏差_{円高})^2 + p_{不変}(偏差_{不変})^2 + p_{円安}(偏差_{円安})^2$$
$$= 20\% \times 0.0036 + 60\% \times 0.0001 + 20\% \times 0.0081$$
$$= 0.0024$$

計算結果は 0.0024 になります。この計算方式は、正の偏差と負の偏差が打ち消しあわないので偏差の標準値を求める適切な方法だと考えられます。この式から得られる値を分散といいます。

分散には、偏差を 2 乗したことによる歪みがあることに注意が必要です。図表 5–4 が示すように、偏差の 2 乗は偏差より相当小さくなります。したがって、偏差の 2 乗の標準値である分散は偏差を過小評価しています。投資結果のばらつきを過小評価したままでは、適切な投資判断ができません。

図表 5–4　偏差を 2 乗したことによる歪み（輸出企業の株式）

偏差を 2 乗して生じた歪みは平方根をとると元に戻ります。下式のように、分散の平方根をとって得られる値を、偏差の標準値であることから標準偏差といいます[*10]。

$$\sigma = \sqrt{\sigma^2}$$
$$= \sqrt{0.0024} = 0.04899\cdots$$

*10 標準偏差を英語表記した standard deviation のはじめのアルファベット s をギリシャ文字にした σ が標準偏差の記号に用いられる。σ は「しぐま」と読む。

この値は、投資を終えるときに現れる利益率と期待利益率との差の標準値がおおよそ ±0.049 であることを意味しています。同じ手順で輸入企業株の標準偏差を計算すると、おおよそ 0.025 になります。図表 5–5 は計算結果をまとめたものです。

	輸出企業株	輸入企業株
期待利益率	0.11	0.06
標準偏差	0.049	0.025

図表 5–5　基本統計量[*11]

この例をはなれても標準偏差を計算できるように、式を一般化します。起こりうる出来事が一般に S とおりであるとき、分散は下式から得られます。

$$\sigma^2 = p_1(R_1 - ER)^2 + p_2(R_2 - ER)^2 + \cdots + p_S(R_S - ER)^2$$

ここで、$\{1, 2, \cdots, S\}$ は起こりうる出来事を表します。たし算の記号 Σ を用いると、式をコンパクトに表記できます。

$$\sigma^2 = \sum_{s=1}^{S} p_s(R_s - ER)^2$$

分散の平方根をとると標準偏差が得られます。

$$\sigma = \sqrt{\sigma^2}$$

[*11] 標準偏差は小数第 4 位で四捨五入した値である。株式投資の伝統的な理論は、株式の期待利益率と標準偏差の値について、すべての投資家の意見が一致するという強い仮定を置いている。

補論1　為替レートの変化と株式投資の利益率

本文で、輸出企業株の利益率は円高になると低くなり、円安になると高くなると想定しました。また、輸入企業株の利益率は円高になると高くなり、円安になると低くなると想定しました。これらの想定について説明します。

まず、輸出企業株の利益率についてみます。この企業は製品を外国へ輸出して100万ドルを得るとしましょう。収益を算出するのに用いる為替レートが現在の水準と変わらず1ドル100円であれば、円建ての収益は1億円です。

$$\text{円建ての収益}_{\text{不変}} = 100\text{万ドル} \times 100 = 1\text{億円}$$

為替レートが1ドル90円の円高になったり1ドル110円の円安になったりすると、円建ての収益は次のように変化します。ドル建ての収益が100万ドルで変わらなくても、円建ての収益は為替レートによって増減します。これを反映して株価が変化し、株式投資の利益率は変動します。

$$\text{円建ての収益}_{\text{円高}} = 100\text{万ドル} \times 90 = 9,000\text{万円}$$

$$\text{円建ての収益}_{\text{円安}} = 100\text{万ドル} \times 110 = 1\text{億}1,000\text{万円}$$

つづいて、輸入企業株の利益率についてみます。この企業は製品を輸入するのに100万ドル払うとしましょう。費用を算出するのに用いる為替レートが現在の水準と変わらず1ドル100円であれば、輸入企業の円建ての費用は1億円です。

$$\text{円建ての費用}_{\text{不変}} = 100\text{万ドル} \times 100 = 1\text{億円}$$

為替レートが1ドル90円の円高になったり1ドル110円の円安になったりすると、円建ての費用は次のように変化します。ドル建ての費用が100万ドルで変わらなくても、円建ての費用は為替レートによって増減します。これを反映して株価が変化し、株式投資の利益率は変動します。

$$\text{円建ての費用}_{\text{円高}} = 100\text{万ドル} \times 90 = 9,000\text{万円}$$

$$\text{円建ての費用}_{\text{円安}} = 100\text{万ドル} \times 110 = 1\text{億}1,000\text{万円}$$

株式投資の利益率はさまざまな要因に影響を受けますので、「円高になると利益率はこうなる」などと断定できませんが、図表5–2に掲げた数値は、おおよそこのような観察にもとづいています。

補論 2　たし算の記号

ギリシャ文字 Σ は「しぐま」と読みます。数式に Σ が使われるとき、多くの場合たし算を意味します。たし算の記号に Σ が用いられるのは、Σ がアルファベットの S にあたり、たし算を英語で Sum とか Summation と表記するためです。

本文中に次のような式があります。

$$ER = p_{円高}R_{円高} + p_{不変}R_{不変} + p_{円安}R_{円安}$$

起こりうる出来事が 3 とおりのときには、上式のようにすべての項を書き表すことができますが、起こりうる出来事が 100 とおり、1,000 とおりになると、すべての項を書き表すことが難しくなります。起こりうる出来事が 100 とおりあるとき、煩雑さを避けるために第 15 項から第 99 項を省いても、下式のようになります。

$$\begin{aligned} ER &= p_1R_1 + p_2R_2 + p_3R_3 + p_4R_4 + p_5R_5 + p_6R_6 + p_7R_7 + p_8R_8 + p_9R_9 \\ &+ p_{10}R_{10} + p_{11}R_{11} + p_{12}R_{12} + p_{13}R_{13} + p_{14}R_{14} + \cdots + p_{100}R_{100} \end{aligned}$$

長い式を書くのはわずらわしいです。そこで、似た項のたし算が続く長い式をコンパクトに表記する記号 Σ が考案されました。Σ を用いて上式を表すと下式のようになります。

$$ER = \sum_{s=1}^{100}(p_sR_s)$$

Σ の記号の下にある $s = 1$ と Σ の記号の上にある 100 は、p と R についている下添字 s を 1 から 100 まで 1 ずつ増やすことを指示しています。この式は、s に 1, 2, 3, 4,⋯,100 を順に代入して展開します。展開の結果は、Σ の記号を用いて表記する前の式と同じになります。

$$\begin{aligned} ER &= \sum_{s=1}^{100}(p_sR_s) \\ &= p_1R_1 + p_2R_2 + p_3R_3 + p_4R_4 + p_5R_5 + p_6R_6 + p_7R_7 + p_8R_8 + p_9R_9 \\ &+ p_{10}R_{10} + p_{11}R_{11} + p_{12}R_{12} + p_{13}R_{13} + p_{14}R_{14} + \cdots + p_{100}R_{100} \end{aligned}$$

本書のように紙幅が限られているとき、見慣れない人には申し訳ないのですが、式をコンパクトに表記できる Σ の記号を用います。Σ が出てきたときには、「これはたし算に過ぎない」と言い聞かせてから眺めてみてください。

Reference

・ 岩田耕一郎『確率論』森北出版, 2022 年。
・ 清水泰隆『統計学への確率論、その先へ ゼロからの測度論的理解と漸近理論への架け橋』内田老鶴圃, 2019 年。
・ 原啓介『測度・確率・ルベーグ積分』講談社, 2018 年。
・ Hoel, Paul G. 著, 浅井晃・村上正康訳『初等統計学』原著第 4 版, 培風館, 2013 年。
・ Smith, Adam 著, 村井章子・北川知子訳『道徳感情論』日経 BP, 2020 年。
・ Williams Jr., John Barr 著, 長尾慎太郎監修・岡村桂訳『投資理論 —株式と債券を正しく評価する方法—』ウィザードブックシリーズ 172, パンローリング, 2010 年。
・ Hicks, John Richard, 1935, A Suggestion for Simplifying the Theory of Money, Economica, 2, 5, 1–19.
・ Hirshleifer, Jack, 1964, Efficient Allocation of Capital in an Uncertain World, American Economic Review, 54, 3, 77–85.
・ Markowitz, Harry Max, 1952, Portfolio Selection, Journal of Finance, 7, 1, 77–91.

6　個別株式

前章で期待利益率と標準偏差について学びました。本章では、これらを用いて、投資家にとって最適な株式を選ぶ方法を説明します。

6.1　リスク回避度

図表 6–1 は、図表 5–5 のデータを用いて作成した散布図です。グラフの横軸は標準偏差によって測られるリスク量、縦軸は期待利益率によって測られるリターンを表します。

輸入企業株の標準偏差と期待利益率はともに比較的低い水準にあります。このような組み合わせをローリスク・ローリターンといいます。輸出企業株の標準偏差と期待利益率はともに比較的高い水準にあります。このような組み合わせをハイリスク・ハイリターンといいます。

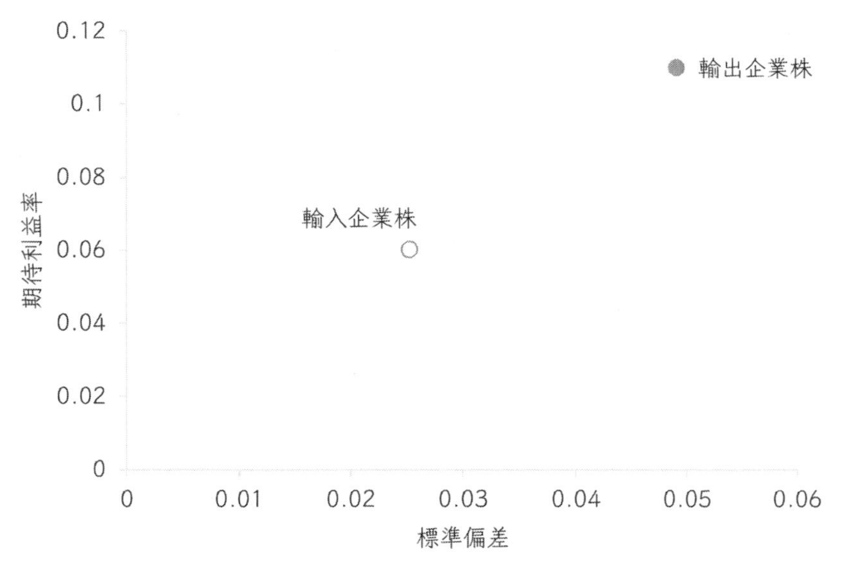

図表 6–1　リスクとリターン

2つの株式のリスクとリターンが図表のようであるとき、どちらに投資すべきでしょうか。株式投資の研究者は、リスクに対する投資家の態度によって投資すべき株式が決まると考えます。リスクに対する投資家の態度をリスク回避度といいます。

リスク回避度について、1日かかる引越しのアルバイトを例に説明します[*1]。引越し作業は重労働です。冷蔵庫やソファを搬出し、引越し先へ搬入します。ときにはアパートの階段を何度も昇り降りして重たい荷物を運ばなければなりません。荷物を壁にぶつけないように気も遣います。肉体的にも精神的にも大変な仕事です。

1日がかりの重労働を終えた後、引越し業者から次の2とおりのアルバイト代の支払い方法を示されたとしましょう。みなさんは①と②のどちらを選びますか。

① 100% の確率で 10,000 円を受け取れる

② 90% の確率で 11,200 円を受け取れ、10% の確率で1円も受け取れない

①と②の望ましさを比べるために期待値を計算します。①の期待値は、100% の確率で 10,000 円を受け取れるので、10,000 円です。②の期待値は下式から得られます。

$$90\% \times 11,200\text{円} + 10\% \times 0\text{円} = 10,080\text{円}$$

①より期待値が 80 円多いので、②を選ぶのが合理的にみえます。しかし、1円も受け取れなくなるリスクを避けるために①を選ぶ人が多いのではないでしょうか。期待値が 80 円少ない①の支払い方法を選ぶ人を、リスク回避的な人といいます。

投資しない人からみると、投資家は楽をしてもうけているようにみえますが、本書を読み進むと理解されるように、投資は負荷の高い頭脳労働です。加えて、大切なお金を賭ける精神的な重圧も相当なものです。そうであれば、「できる限りリスクを小さくして、納得のいくリターンを得たい」と考えるのが自然ではないでしょうか[*2]。

証券投資の研究は、こうした人々の傾向を反映して、投資家がリスク回避的であると想定します。本書でも特に断りのないかぎり、投資家はリスク回避的であると想定します。

[*1] Chambers（1934,p.47）を参考に例を作成した。

[*2] 村井・北川訳（2020,p.461）に「私たちは逆境から順境になったときに喜ぶ以上に、順境から逆境に落ち込んだときに苦しむ。したがって、身の安全や財産の保全は、思慮の最初にして最大の目的である。思慮は、健康、財産、地位、名声をいかなる危険にもさらすまいとし、冒険を避け用心深く、新たな利得の獲得は促さずに掌中の利得の保持に腐心する」とある。

6.2 無差別曲線

投資家のリスク回避度は無差別曲線という図で表されます。無差別曲線とは、望ましさが無差別なリスクとリターンの関係を表す曲線です。「望ましさが無差別」とは、望ましさが同じで、甲乙つけがたいことを意味します[*3]。

図表 6–2 は無差別曲線を表しています。同一曲線上に置かれた 2 点 A と B は、投資家にとって望ましさが同じである 2 つの証券を表します。点 A はリスクが 0 でリターンが比較的低い証券を、点 B はリスクがありリターンが比較的高い証券を表します。

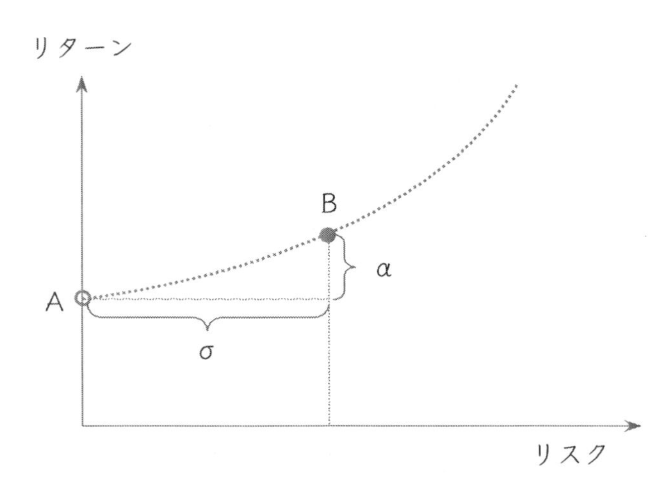

図表 6–2　無差別曲線[*4]

もし、B に投資して得られる追加のリターンが α より低いのであれば、投資家は σ のリスクを負担せず A に投資します。B に投資して得られる追加のリターンが α より高いのであれば、投資家は σ のリスクを負担して B に投資します。A と B の望ましさが同じであるのは、σ のリスクを負担する見返りが α であるときだけです。同じ無差別曲線の上にある点は、リスクとリターンが異なっても望ましさは同じです。

図表 6–3 は、リスクに対する態度が異なる無差別曲線を表しています。無差別曲線が I_α であるとき σ のリスクを負担する見返りに要求するリターンは α となり、無差別曲線が I_β であるとき σ のリスクを負担する見返りに要求するリターンは $\alpha+\beta$ となります。無差別曲線 I_β は、I_α より強いリスク回避度を持つ投資家の心境を反映しています。

[*3] 望ましさが同じ点を結ぶ曲線は、地図の等高線になぞらえることができる。よってこれを等好線と表記するのがよりよいとも思われる。「等好線」の用例は、マーケティング・サイエンスの文献に散見されるようである。

[*4] Chambers（1934,p.46）の Figure C、Hirshleifer（1964,p.79）の Figure 1 を参照して作成。

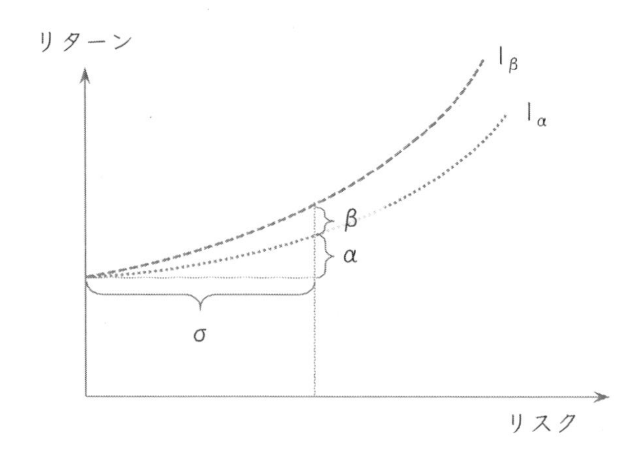

図表 6–3　リスク回避度の強さ

無差別曲線は投資する株式を選ぶときに使われます。図表 6–4 の左図は株式 A と株式 B のリスクとリターンの関係を表しています。右図は投資家にとって望ましい株式の選び方を表しています。まず、2 点 A と B のそれぞれを通る無差別曲線を描きます。つづいて、点 A を無差別曲線 I_1 にそって左下へ移動させ、リスク量 0 の位置に置きます（点 A'）。同様に、点 B を無差別曲線 I_2 にそって左下へ移動させ、リスク量 0 の位置に置きます（点 B'）。点 A' と点 B' を比べると、リスクはともに 0 でリターンは B' が A' より高いことがわかります。投資家にとって望ましいのは B' です。

A' と A の望ましさ、B' と B の望ましさは同じですから、B' が A' より望ましいとき B は A より望ましくなります。よって、図表のような無差別曲線を持つ投資家は、株式 B を選ぶべきです。無差別曲線は、リスクとリターンが異なる株式の望ましさを比べる、直感的な方法を私たちに提供します。

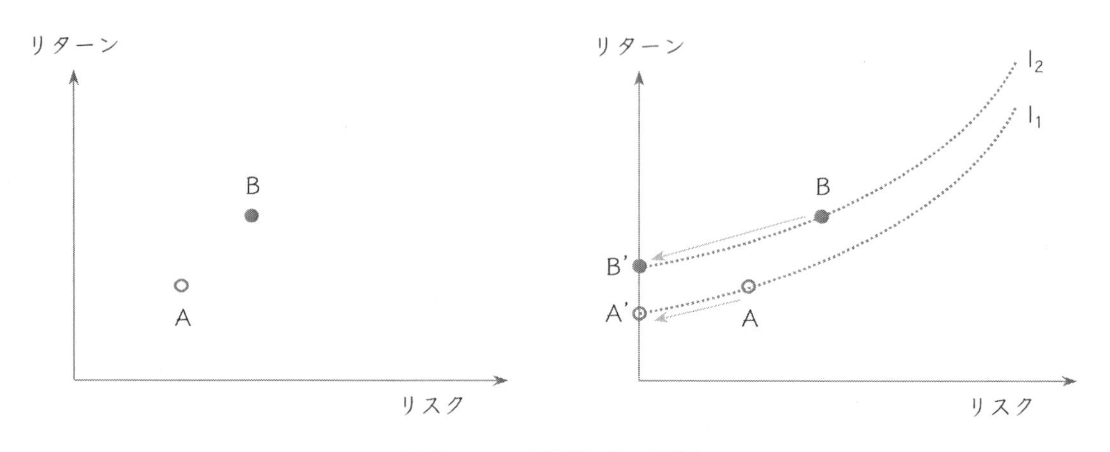

図表 6–4　個別株式の選択

無差別曲線を用いて輸出企業株と輸入企業株を比べてみましょう。図表 6–5 が示す無差別曲線によって表されるリスク回避度を持つ投資家は、輸入企業株に投資すべきです。これは、輸出企業株と輸入企業株を無差別曲線にそってリスク 0 の投資に置き換えたとき、輸入企業株と同じ望ましさを持つ投資機会の利益率がより高いことから確かめられます。

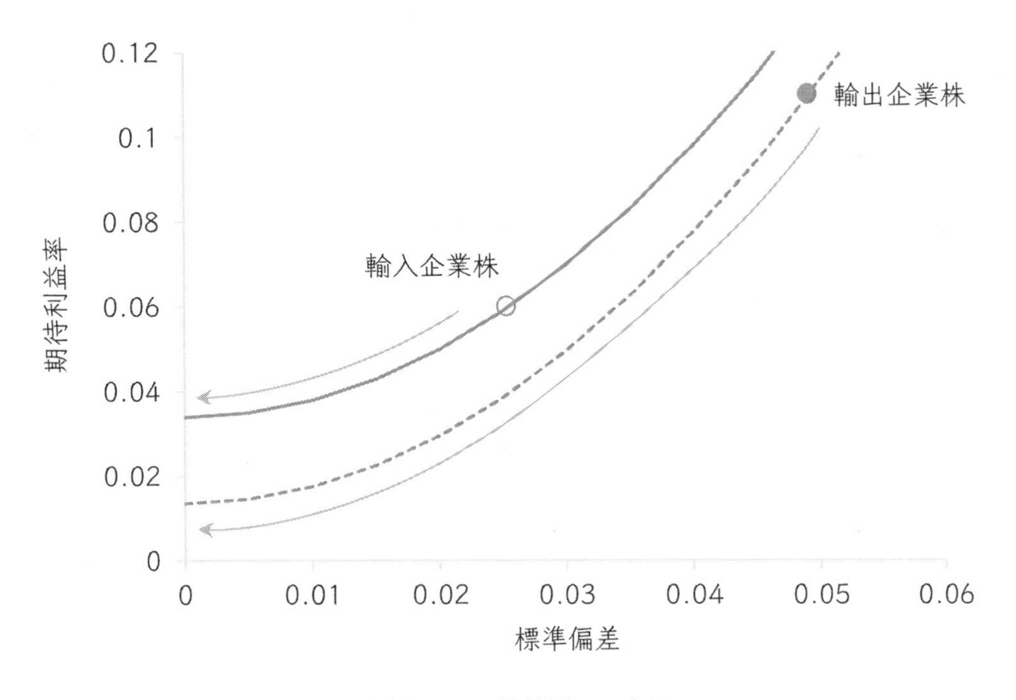

図表 6–5　数値例への応用

補論　効用と無差別曲線

経済学に効用という用語があります。効用は「満足度」に近い意味を持ちます。リスク回避的な投資家は、リターンが高くなるにしたがい、リスクが小さくなるにしたがい、満足度が高まります。無差別曲線は、投資家の満足度という目に見えないものをリスクとリターンの関係で可視化したものです。

本文では無差別曲線を式で表しませんでしたが、下式のように表すことができます[*5]。

$$満足度 = リターン - \gamma(リスク)^2$$

式中の γ は投資家のリスク回避度の強さを表しています。γ の値が大きくなるにしたがい投資家のリスク回避度は強くなります。リスクを 2 乗しているのは、リスクが大きくなるにしたがい、投資家の満足度が急速に低下するためです。

リスク（標準偏差）が 0 であるとき、第 2 項の値は 0 です。リスクが 0 より大きくなると第 2 項の値はマイナスになります。リスクが 0 のときと同じ満足度を維持するには、第 2 項のマイナスを打ち消すように、第 1 項のリターン（期待利益率）が高くならなければなりません。第 2 項は 2 乗のオーダーで小さくなりますので、第 1 項の値はそれをちょうど打ち消すように急速に大きくならなければなりません[*6]。リスクが大きくなるにしたがい無差別曲線の傾きが急になるのはこのためです。

---

*5 Williams（1977）を参照。

*6 ここで「2 乗のオーダー」とは、リスクの 2 乗に比例して満足度が低下することを意味する。

Reference

- Smith, Adam 著, 村井章子・北川知子訳『道徳感情論』日経 BP, 2020 年。
- Chambers, S.P., 1934, Fluctuations in Capital and the Demand for Money, Review of Economic Studies, 2, 1, 38–50.
- Hirshleifer, Jack, 1964, Efficient Allocation of Capital in an Uncertain World, American Economic Review, 54, 3, 77–85.
- Williams, Joseph T., 1977, A Note on Indifference Curves in the Mean-Variance Model, Journal of Financial and Quantitative Analysis, 12, 1, 121–126.

Reading List

- Adler, Michael, 1969, On the Risk-Return Trade-Off in the Valuation of Assets, Journal of Financial and Quantitative Analysis, 4, 4, 493–512.
- Graves, Philip E., 1979, Relative Risk Aversion: Increasing or Decreasing?, Journal of Financial and Quantitative Analysis, 14, 2, 205–214.
- Miller, Stephen M., 1975, Measures of Risk Aversion: Some Clarifying Comments, Journal of Financial and Quantitative Analysis, 10, 2, 299–309.

7　ポートフォリオ

図表 7–1 は、前章の図表 6–5 を再び掲げたものです。輸出企業株と輸入企業株のリスクとリターンの関係が 2 点によって表され、リスク回避度が図表のような無差別曲線によって表されるとき、投資家は輸入企業株に投資すべきです。

前章では 2 つの株式のいずれかに資金のすべてを投ずることを考えました。本章では、資金を 2 つの株式に分けて投ずることで、投資家にとってより望ましいリスクとリターンを実現できるのかを考えます。

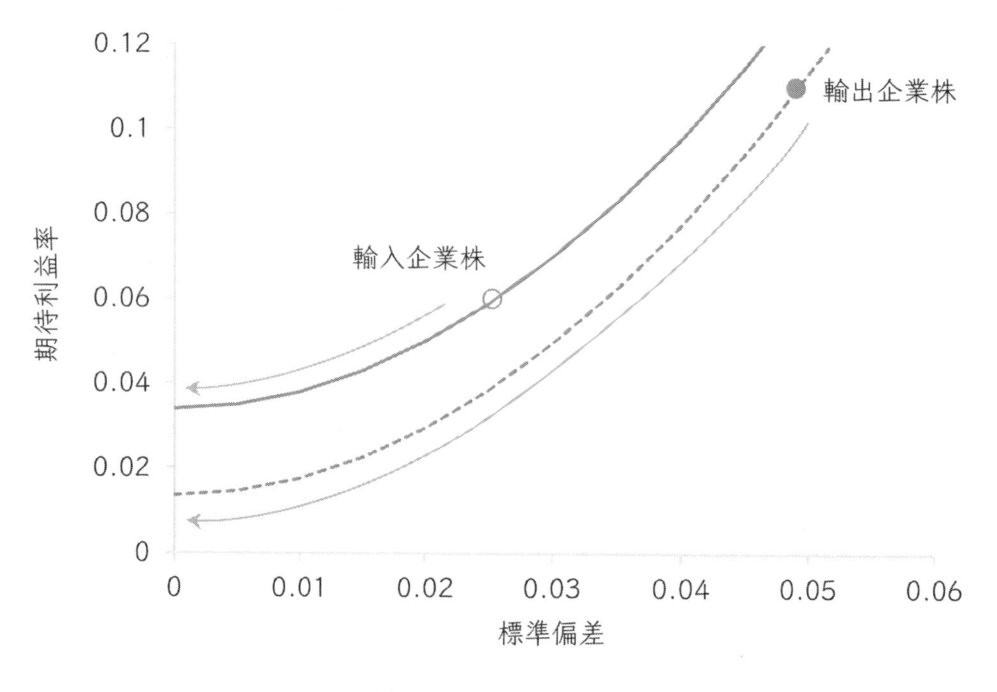

図表 7–1　個別株式の選択

7.1 ポートフォリオの期待利益率と標準偏差

ポートフォリオとは、もともと紙券をまとめてはさむフォルダのことでした。株式投資が盛んになった 20 世紀初頭、株式は紙券でした。複数の株式に投資している人は複数の株券をフォルダにまとめて保管しました。そこから意味が転じて、複数の証券に資金を投ずること、保有する証券の一覧のことをポートフォリオというようになりました[*1]。

前章の例をひきつづき用いてポートフォリオについて考えます。投資資金 100 万円のうち 40 万円を輸出企業株に、残りの 60 万円を輸入企業株に投資するとしましょう。輸出企業株への投資比率を w_{ex} 、輸入企業株への投資比率を w_{im} とおき、投資比率を計算すると下式のようになります。

$$w_{ex} = \frac{40\text{ 万円}}{100\text{ 万円}} = 40\%, \qquad w_{im} = \frac{60\text{ 万円}}{100\text{ 万円}} = 60\%$$

100 万円全額を投資しますので比率の合計は 100% です。以下、この比率で組成するポートフォリオの期待利益率と標準偏差を計算します。図表 7–2 は計算に用いる数値をまとめたものです。

	輸出企業株	輸入企業株
期待利益率	0.11	0.06
分散	0.0024	0.00064
標準偏差	0.049	0.025

図表 7–2　計算に用いる数値[*2]

ポートフォリオの期待利益率　ポートフォリオの期待利益率 ER_{port} は、輸出企業株と輸入企業株の期待利益率を投資比率で重みづけして求めます。すなわち

$$ER_{port} = w_{ex}ER_{ex} + w_{im}ER_{im}$$

輸出企業株の期待利益率は 0.11、輸入企業株の期待利益率は 0.06 です。輸出企業株の投資比率は 40%、輸入企業株の投資比率は 60% です。これらの数値を上式に代入して計算すると、ポートフォリオの期待利益率は次のようになります。

[*1] Taylor（1905,p.380）等にポートフォリオの表記が見られる。

[*2] 図表 5–5 に分散の計算結果を加えて再掲した。標準偏差は小数第 4 位で四捨五入した値である。

$$
\begin{aligned}
ER_{port} &= 40\% \times 0.11 + 60\% \times 0.06 \\
&= 0.044 + 0.036 \\
&= 0.08
\end{aligned}
$$

この例をはなれてもポートフォリオの期待利益率を計算できるように、式を一般化します。ポートフォリオに組み入れる株式の数は必ずしも 2 ではなく、10、100 であるかもしれません。ポートフォリオに組み入れる株式の数が一般に J であるとき、ポートフォリオの期待利益率 ER_{port} は下式から得られます。

$$
ER_{port} = w_1 ER_1 + w_2 ER_2 + \cdots + w_J ER_J
$$

ここで $\{1, 2, \cdots, J\}$ はポートフォリオに組み入れる株式を表します。たし算の記号 Σ を用いると、式をコンパクトに表記できます。

$$
ER_{port} = \sum_{j=1}^{J} (w_j ER_j)
$$

ポートフォリオの標準偏差　ポートフォリオの標準偏差 σ_{port} を計算する方法にはいくつかありますが、本文では比較的計算量が少ない方法を紹介します[3]。第 5 章で学んだように、分散を求める式は

$$
\sigma_{port}^2 = \sum_{s=1}^{3} p_s (R_{port,s} - ER_{port})^2
$$

ここで、右辺の括弧の中にある $R_{port,s} - ER_{port}$ に注目します。$R_{port,s}$ と ER_{port} はそれぞれ次のように表されます。

$$
\begin{aligned}
R_{port,s} &= w_{ex} R_{ex,s} + w_{im} R_{im,s} \\
ER_{port} &= w_{ex} ER_{ex} + w_{im} ER_{im}
\end{aligned}
$$

これらを $R_{port,s} - ER_{port}$ に代入すると

$$
R_{port,s} - ER_{port} = w_{ex} R_{ex,s} + w_{im} R_{im,s} - (w_{ex} ER_{ex} + w_{im} ER_{im})
$$

[3] 式変形の負荷は少ないが計算量は多い方法については本章の補論 1 を参照。

w_{ex} を要素に持つ項、w_{im} を要素に持つ項をそれぞれまとめると

$$R_{port,s} - ER_{port} = w_{ex}(R_{ex,s} - ER_{ex}) + w_{im}(R_{im,s} - ER_{im})$$

この結果を Σ の式に代入すると

$$\sigma^2_{port} = \sum_{s=1}^{3} p_s(w_{ex}(R_{ex,s} - ER_{ex}) + w_{im}(R_{im,s} - ER_{im}))^2$$

$w_{ex}(R_{ex,s} - ER_{ex})$ を A、$w_{im}(R_{im,s} - ER_{im})$ を B とおくと、$(A+B)^2 = A^2 + B^2 + 2AB$ のように式を展開できることに気づきます。展開すると

$$\sigma^2_{port} = w^2_{ex}\sum_{s=1}^{3} p_s(R_{ex,s} - ER_{ex})^2 + w^2_{im}\sum_{s=1}^{3} p_s(R_{im,s} - ER_{im})^2$$
$$+2w_{ex}w_{im}\sum_{s=1}^{3} p_s(R_{ex,s} - ER_{ex})(R_{im,s} - ER_{im})$$

第 5 章で学んだように、第 1 項の w^2_{ex} を除く部分は輸出企業株の利益率の分散、第 2 項の w^2_{im} を除く部分は輸入企業株の利益率の分散です。第 3 項の $2w_{ex}w_{im}$ を除く部分は、2 つの株式の利益率がどれほど共に動くかを表す共分散です。輸出企業株の分散を σ^2_{ex}、輸入企業株の分散を σ^2_{im}、共分散を $cov_{ex,im}$ とおいて上式を書き直すと

$$\sigma^2_{port} = w^2_{ex}\sigma^2_{ex} + w^2_{im}\sigma^2_{im} + 2w_{ex}w_{im}cov_{ex,im}$$

輸出企業株と輸入企業株の投資比率はそれぞれ 40% と 60% です。輸出企業株と輸入企業株の分散は図表 7–2 に掲げてあるとおりです。上式の要素のうち値がわからないのは共分散だけです。共分散の式を展開すると

$$\begin{aligned} cov_{ex,im} &= \sum_{s=1}^{3} p_s(R_{ex,s} - ER_{ex})(R_{im,s} - ER_{im}) \\ &= p_{\text{円高}}(R_{ex,\text{円高}} - ER_{ex})(R_{im,\text{円高}} - ER_{im}) \\ &+ p_{\text{不変}}(R_{ex,\text{不変}} - ER_{ex})(R_{im,\text{不変}} - ER_{im}) \\ &+ p_{\text{円安}}(R_{ex,\text{円安}} - ER_{ex})(R_{im,\text{円安}} - ER_{im}) \end{aligned}$$

図表 5–2 と図表 7–2 に掲げている数値を式に代入すると

$$
\begin{aligned}
cov_{ex,im} &= 20\% \times (0.05 - 0.11) \times (0.1 - 0.06) \\
&\quad + 60\% \times (0.1 - 0.11) \times (0.06 - 0.06) \\
&\quad + 20\% \times (0.2 - 0.11) \times (0.02 - 0.06)
\end{aligned}
$$

計算結果は -0.0012 です。この結果を用いてポートフォリオの分散を求めます。

$$
\begin{aligned}
\sigma_{port}^2 &= w_{ex}^2\sigma_{ex}^2 + w_{im}^2\sigma_{im}^2 + 2w_{ex}w_{im}cov_{ex,im} \\
&= (40\%)^2 \times 0.0024 + (60\%)^2 \times 0.00064 \\
&\quad + 2 \times 40\% \times 60\% \times (-0.0012) \\
&= 0.0000384
\end{aligned}
$$

平方根をとって標準偏差を計算します。

$$
\sigma_{port} = \sqrt{\sigma_{port}^2} = \sqrt{0.0000384}
$$

ポートフォリオの標準偏差はおおよそ 0.006 となります。図表 7–3 は計算結果をまとめたものです。ポートフォリオの期待利益率は、輸出企業株と輸入企業株の期待利益率のあいだの値をとります。他方、ポートフォリオの標準偏差は、興味深いことに、輸出企業株の標準偏差と輸入企業株の標準偏差のいずれよりもかなり小さい値をとります。2 つの株式に資金を分けて投ずることで、リスクを大幅に減らすことができます。

	輸出企業株	輸入企業株	ポートフォリオ
期待利益率	0.11	0.06	0.08
標準偏差	0.049	0.025	0.006

図表 7–3　ポートフォリオのリターンとリスク[*4]

輸出企業株と輸入企業株に資金を分けて投ずるとリスクが減るのはなぜでしょうか。図表 7–4 はそれを説明するためのグラフです。為替レートが円高になるとき、△で示した輸出企業株の利益率は低く、×で示した輸入企業株の利益率は高くなります。為替レートが円安になるとき、輸出企業株の利益率は高く、輸入企業株の利益率は低くなります。○で示したポートフォリオの利益率は、

[*4] ポートフォリオの期待利益率と標準偏差については Sharpe（1964,pp.429–431）を参照。

円高のときも円安のときも 2 株の利益率のあいだにあり、変動が小さいです。輸出企業株と輸入企業株が互いにカバーし合うので、ポートフォリオのリスクは小さくなります。

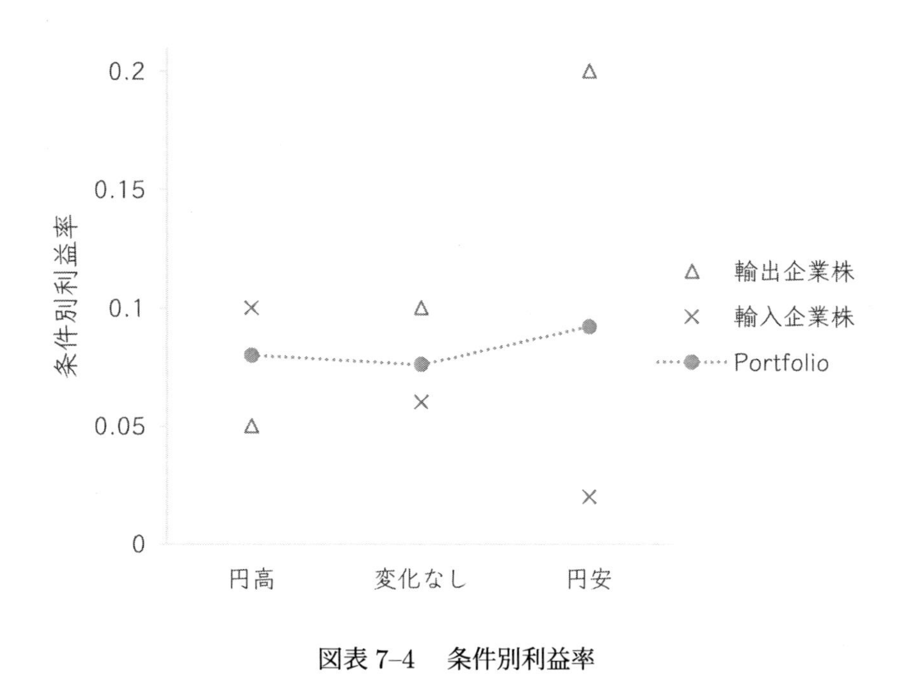

図表 7–4　条件別利益率

7.2　効率的フロンティア

前節では、資金の 40% を輸出企業株に、60% を輸入企業株に投ずるポートフォリオについて考えました。資金の配分のしかたを変えるとリスクとリターンの関係はどう変化するのでしょうか。

図表 7–5 の左図の曲線は、資金の割り振りを少しずつ変えたときの、ポートフォリオのリスクとリターンの関係を表しています。右図は、左図の輸入企業株の投資比率が比較的高い部分を円で囲っています。この部分はリスク回避的な投資家にとって非効率な投資機会です。非効率であることは、資金の配分のしかたを変えれば、同一のリスク量を負担しながらより高いリターンが得られることから確かめられます。

非効率な部分を取り除いた図表 7–6 の曲線を効率的フロンティアといいます。フロンティアとは、「これより先に進めない地点」のことです。効率的フロンティア上の点は、リスクの量を決めたとき、これ以上望めない最高のリターンを表します。また、リターンの水準を決めたとき、これ以上望めない最小のリスクを表します。したがって、フロンティア上の点は、投資家にとって実現可能な最良の投資機会になります。

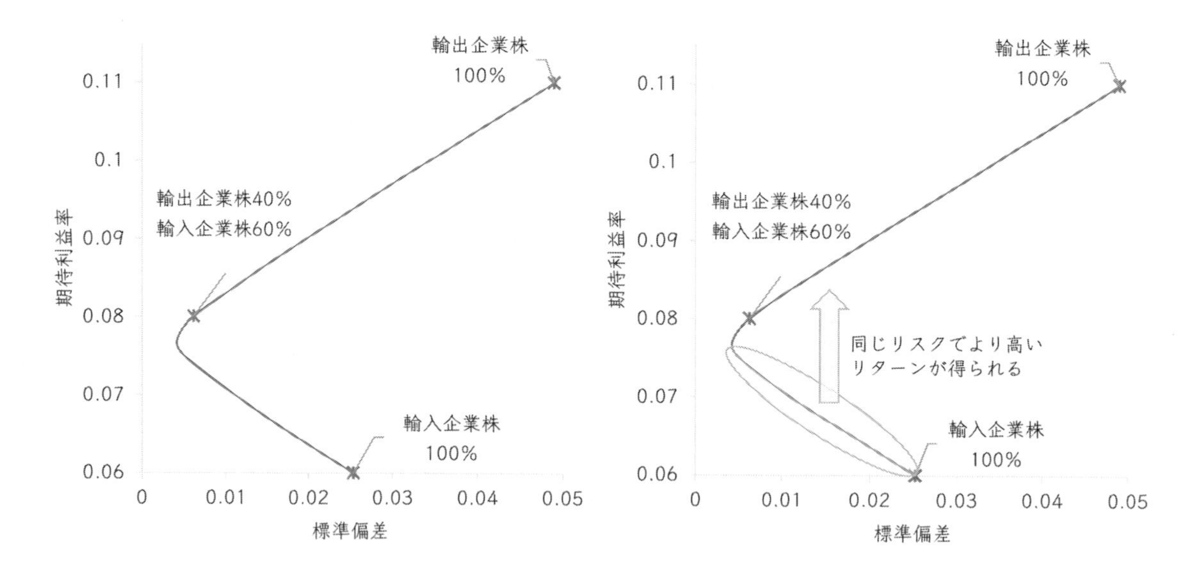

図表 7–5　ポートフォリオのリスクとリターン*5

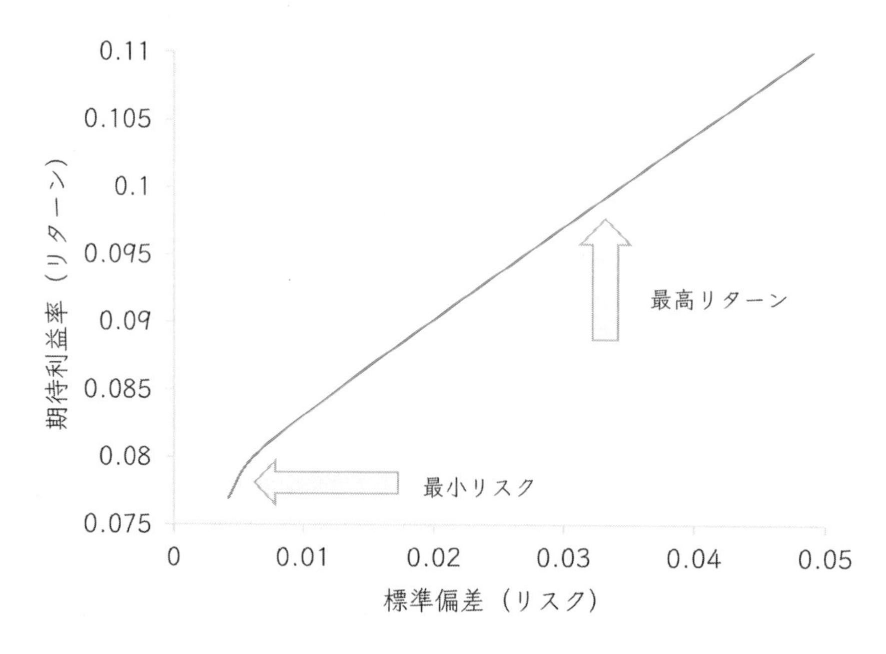

図表 7–6　効率的フロンティア*6

*5 Lintner（1965）の Fig 1 を参照して作成。

*6 Sharpe（1964,p.429）の Figure 2 を参照して作成。

7.3　ポートフォリオの選択

リスク回避的な投資家は、効率的フロンティア上のどの点を選択すべきでしょうか。それは投資家の無差別曲線によって決まります。リスク回避度が図表 7–7 の無差別曲線によって表される投資家は、効率的フロンティアと無差別曲線が接する点から導かれるポートフォリオを選ぶことが最適となります。このポートフォリオは輸出企業株に資金の 45% ほどを、輸入企業株に資金の 55% ほどを投じて組成されます。

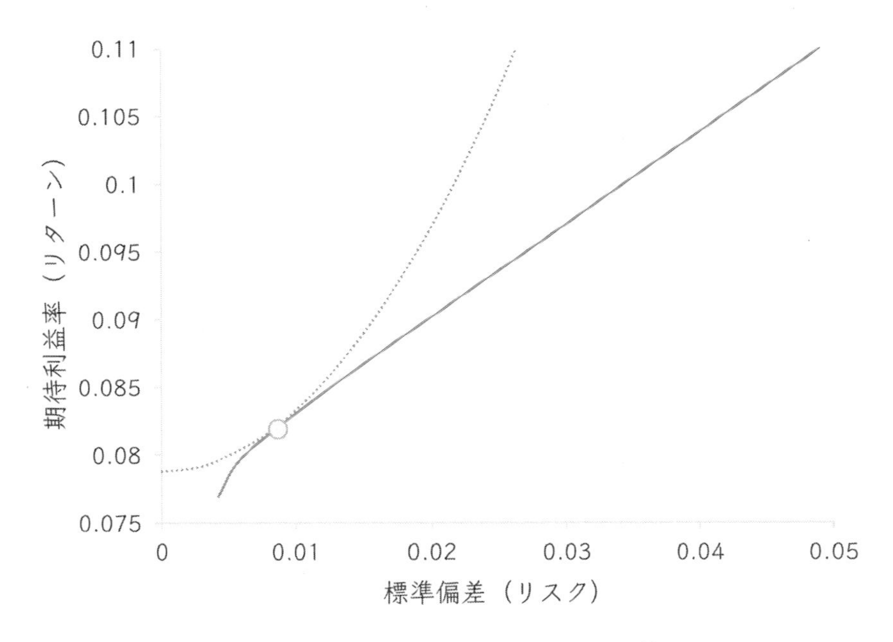

図表 7–7　ポートフォリオの選択*7

*7 Markowitz（1952,p.77）に「投資家にとって、期待利益率は望ましいものであり、リターンの変動率は望ましくないものであるという法則（rule）を考慮に入れる。この法則は、投資行動の格言としても仮説としても、多くの確固たる基礎を持つ。本稿では、予想と、「期待利益率 – リターンの変動率」の法則に従うポートフォリオの選択との関係を、グラフを用いて描くことにする」（訳文は筆者）とある。

補論 1　ポートフォリオの標準偏差

ここでは本文と異なる手順でポートフォリオの標準偏差を計算します。計算する準備として、まずポートフォリオの条件別利益率を算出します。為替レートが円高になるときの条件別利益率は下式から得られます。

$$R_{port,\,\text{円高}} = w_{ex} R_{ex,\,\text{円高}} + w_{im} R_{im,\,\text{円高}}$$

この式に数値を代入して計算すると

$$\begin{aligned} R_{port,\,\text{円高}} &= 40\% \times 0.05 + 60\% \times 0.1 \\ &= 0.02 + 0.06 \\ &= 0.08 \end{aligned}$$

為替レートが変化しないとき、円安になるときの条件別利益率も同様に計算されます。

$$R_{port,\,\text{不変}} = 40\% \times 0.1 + 60\% \times 0.06 = 0.076$$

$$R_{port,\,\text{円安}} = 40\% \times 0.2 + 60\% \times 0.02 = 0.092$$

これらの計算結果を図表 7–8 の最右列にまとめました。

為替レート	生起確率	輸出企業株	輸入企業株	ポートフォリオ
円高	20%	0.05	0.1	0.08
不変	60%	0.1	0.06	0.076
円安	20%	0.2	0.02	0.092
期待利益率		0.11	0.06	0.08
標準偏差		0.049	0.025	0.006

図表 7–8　ポートフォリオの条件別利益率

これで準備が整いましたので、個別株式のときと同じ手順で標準偏差を計算します。まず偏差を求めます。為替レートが円高になるときの偏差は

$$\begin{aligned} \text{偏差}_{port,\,\text{円高}} &= R_{port,\,\text{円高}} - ER_{port} \\ &= 0.08 - 0.08 = 0 \end{aligned}$$

同様に、為替レートに変化がないとき、為替レートが円安になるときの偏差は

$$偏差_{port,\ 不変} = 0.076 - 0.08 = -0.004$$

$$偏差_{port,\ 円安} = 0.092 - 0.08 = +0.012$$

これらの偏差の値を分散の式に代入して計算すると

$$\begin{aligned}\sigma^2_{port} &= p_{円高} \times (偏差_{port,\ 円高})^2 + p_{不変} \times (偏差_{port,\ 不変})^2 + p_{円安} \times (偏差_{port,\ 円安})^2 \\ &= 20\% \times (0)^2 + 60\% \times (-0.004)^2 + 20\% \times (+0.012)^2 \\ &= 0.0000384\end{aligned}$$

分散の平方根をとるとポートフォリオの標準偏差が得られます。

$$\sigma_{port} = \sqrt{\sigma^2_{port}} = \sqrt{0.0000384} = 0.006196\cdots$$

補論 2　最小リスクポートフォリオ

図表 7–6 で効率的フロンティアを描くときに、ポートフォリオが達成できる最小リスク量を計算する必要があります。最小リスク量は効率的フロンティアの最も左下に位置する点から導かれるリスク量です。ポートフォリオのリスク量は標準偏差で測ります。

$$\sigma_{port} = \sqrt{w^2_{ex}\sigma^2_{ex} + w^2_{im}\sigma^2_{im} + 2w_{ex}w_{im}cov_{ex,im}}$$

この式はルートがあり複雑です。そこで、代わりに最小の分散を求めることにします。下式のように、分散の式は標準偏差の式からルートを取り除いただけですので、ポートフォリオの分散が最小化されるとき、ポートフォリオの標準偏差も最小化されます。

$$\sigma^2_{port} = w^2_{ex}\sigma^2_{ex} + w^2_{im}\sigma^2_{im} + 2w_{ex}w_{im}cov_{ex,im}$$

輸出企業株に投資する資金の比率を w、輸入企業株に投資する資金の比率を $1-w$ におきかえると

$$\sigma^2_{port} = w^2\sigma^2_{ex} + (1-w)^2\sigma^2_{im} + 2w(1-w)cov_{ex,im}$$

ポートフォリオのリスク量は w の 2 次関数となります。この式のグラフは下に凸ですから、変化が 0 のとき最小の値をとります。上式を w で微分して 1 階の導関数を求めると

$$\frac{d\sigma_{port}^2(w)}{dw} = 2w\sigma_{ex}^2 + (-2+2w)\sigma_{im}^2 + (2-4w)cov_{ex,im}$$

この式の値が 0 のときリスク量は最小となります。リスク量が最小となる w の値は

$$2w\sigma_{ex}^2 + (-2+2w)\sigma_{im}^2 + (2-4w)cov_{ex,im} = 0$$

$$w\sigma_{ex}^2 - \sigma_{im}^2 + w\sigma_{im}^2 + cov_{ex,im} - 2wcov_{ex,im} = 0$$

$$w\sigma_{ex}^2 + w\sigma_{im}^2 - 2wcov_{ex,im} = \sigma_{im}^2 - cov_{ex,im}$$

$$w = \frac{\sigma_{im}^2 - cov_{ex,im}}{\sigma_{ex}^2 + \sigma_{im}^2 - 2cov_{ex,im}}$$

輸出企業株と輸入企業株の例で用いた値を式に代入すると

$$w = \frac{0.00064 - (-0.0012)}{0.0024 + 0.00064 - 2(-0.0012)}$$

計算結果はおおよそ 33.8% になります。 w は輸出企業株に投資する資金の比率ですから、輸出企業株に投資する資金の比率が 33.8% のとき、ポートフォリオのリスク量は最小になります[*8]。

[*8] この資金の割り振り方で組成するポートフォリオのことを、最小リスクポートフォリオ（Minimum Variance Portfolio）という。

Reference

- Lintner, John, 1965, The Valuation of Risk Assets and the Selection of Risky Investments in Stock Portfolios and Capital Budgets, Review of Economics and Statistics, 47, 1, 13–37.
- Markowitz, Harry Max, 1952, Portfolio Selection, Journal of Finance, 7, 1, 77–91.
- Sharpe, William Forsyth, 1964, Capital Asset Prices: A Theory of Market Equilibrium under Conditions of Risk, Journal of Finance, 19, 3, 425–442.
- Taylor, W. G. Langworthy, 1905, The Source of Financial Power, Journal of Political Economy, 13, 3, 368–388.

Reading List

- Markowitz, Harry Max, 1991, Foundations of Portfolio Theory, Journal of Finance, 46, 2, 469–477.
- Varian, Hal, 1993, A Portfolio of Nobel Laureates: Markowitz, Miller and Sharpe, Journal of Economic Perspectives, 7, 1, 159–169.

8 リスクの分散

図表 8–1 はポートフォリオの選択を表しています。実線で描かれた効率的フロンティアと点線で描かれた無差別曲線が点 A で接しています。この無差別曲線を持つ投資家にとって最適な投資戦略は、点 A を実現する資金の割り振りかたです。

前章では 2 つの株式でポートフォリオを組成しました。本章では、2 つより多くの株式でポートフォリオを組成して、より望ましいリスクとリターンを実現できるか考えます。

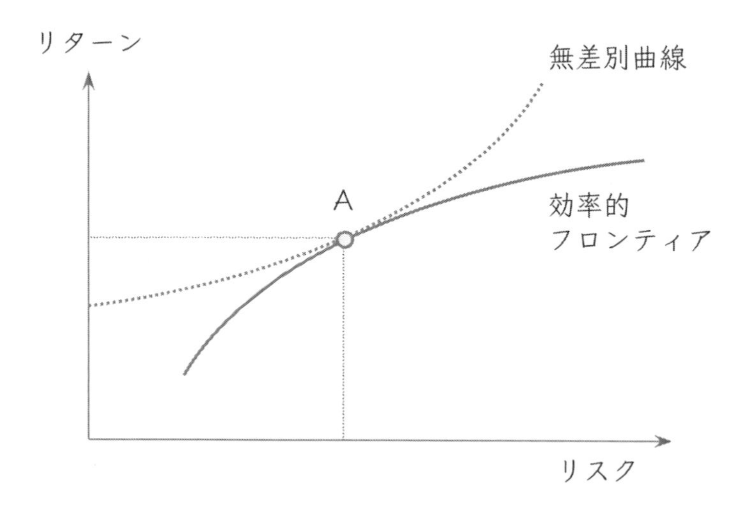

図表 8–1　ポートフォリオの選択

8.1 分散共分散行列

前章で、2 銘柄から成るポートフォリオの分散は下式から得られることを学びました。

$$\sigma_{port}^2 = w_{ex}^2\sigma_{ex}^2 + w_{im}^2\sigma_{im}^2 + 2w_{ex}w_{im}cov_{ex,im}$$

この式には輸出企業株の分散 σ_{ex}^2 が 1 つ、輸入企業株の分散 σ_{im}^2 が 1 つ含まれています。輸出企業株と輸入企業株の共分散 $cov_{ex,im}$ には 2 が掛け合わされていますので、式に共分散が 2 つ含まれているとみることができます。

上式に現れる分散と共分散を下のように表にしたものを分散共分散行列といいます。

$$\begin{pmatrix} \sigma_{ex}^2 & cov_{ex,im} \\ cov_{im,ex} & \sigma_{im}^2 \end{pmatrix}$$

この行列の左上と右下には輸出企業株の分散と輸入企業株の分散が配置されています。右上と左下には共分散が配置されています。右上の共分散 $cov_{ex,im}$ は輸出企業株の利益率が変動したとき輸入企業株の利益率がどれほど共に変動するのかを表し、左下の共分散 $cov_{im,ex}$ は輸入企業株の利益率が変動したとき輸出企業株の利益率がどれほど共に変動するのかを表します。「輸出企業株と輸入企業株の関係」は「輸入企業株と輸出企業株の関係」と同じですので、2 つの共分散の値は等しくなります。すなわち、$cov_{ex,im} = cov_{im,ex}$ です。ポートフォリオの分散の式の第 3 項は、$cov_{im,ex}$ に $cov_{ex,im}$ を代入して下式のようにまとめたものです。

$$w_{ex}w_{im}cov_{ex,im} + w_{im}w_{ex}cov_{im,ex} = 2w_{ex}w_{im}cov_{ex,im}$$

8.2 リスク分散の極限

これまで、2 つの株式からポートフォリオを組成することを考えてきました。ポートフォリオに組み入れる株式の数を増やすと、ポートフォリオの分散はどのように変化するのでしょうか[*1]。

まず、ポートフォリオに組み入れる株式の数を 3 にしてみます。式をみやすくするために、ポートフォリオに組み入れる株式を{1, 2, 3}という数字で表します。このとき、分散共分散行列は次のようになります。個別株式の分散の数は、ポートフォリオに組み入れられる株式の数と同じ 3 つです。共分散は株式 1 と株式 2 の関係を表す cov_{12} と cov_{21}、株式 1 と株式 3 の関係を表す cov_{13} と cov_{31} 、株式 2 と株式 3 の関係を表す cov_{23} と cov_{32} の 6 つです。

$$\begin{pmatrix} \sigma_1^2 & cov_{12} & cov_{13} \\ cov_{21} & \sigma_2^2 & cov_{23} \\ cov_{31} & cov_{32} & \sigma_3^2 \end{pmatrix}$$

[*1] この節は Fama and Miller (1976) の Chapter 6 にそって記述する。

組み入れる株式の数が3であるポートフォリオの分散は下式から得られます。この式には個別株式の分散が3つ、共分散が3ペア6つ含まれています[*2]。

$$\sigma_{port}^2 = w_1^2\sigma_1^2 + w_2^2\sigma_2^2 + w_3^2\sigma_3^2 + 2w_1w_2cov_{12} + 2w_1w_3cov_{13} + 2w_2w_3cov_{23}$$

たし算の記号Σを用いて上式をコンパクトに表記すると[*3]

$$\sigma_{port}^2 = \sum_{j=1}^{3}(w_j^2\sigma_j^2) + \sum_{j=1}^{3}\sum_{\substack{k=1\\k\neq j}}^{3}(w_jw_kcov_{jk})$$

ポートフォリオの分散の性質をわかりやすくするために、3つの株式に同額ずつ資金を投ずると仮定します。すなわち

$$w_1 = w_2 = w_3 = \frac{1}{3}$$

これを代入すると

$$\sigma_{port}^2 = \sum_{j=1}^{3}\left(\left(\frac{1}{3}\right)^2\sigma_j^2\right) + \sum_{j=1}^{3}\sum_{\substack{k=1\\k\neq j}}^{3}\left(\frac{1}{3}\frac{1}{3}cov_{jk}\right)$$

少し変形すると

$$\sigma_{port}^2 = \frac{1}{3}\left(\frac{1}{3}\sum_{j=1}^{3}\sigma_j^2\right) + \frac{1}{3}\frac{3-1}{1}\left(\frac{1}{3}\frac{1}{3-1}\sum_{j=1}^{3}\sum_{\substack{k=1\\k\neq j}}^{3}cov_{jk}\right)$$

第1項の()の中は3つある分散の平均を、第2項の()の中は6つある共分散の平均を求める式です。分散の平均を$\overline{V}$、共分散の平均を$\overline{COV}$と表記すると

$$\sigma_{port}^2 = \frac{1}{3}\overline{V} + \frac{3-1}{3}\overline{COV}$$

ポートフォリオに組み入れる株式の数を3からJへ一般化すると

$$\sigma_{port}^2 = \frac{1}{J}\overline{V} + \frac{J-1}{J}\overline{COV}$$

[*2] この式は$(A+B+C)^2 = A^2 + B^2 + C^2 + 2AB + 2AC + 2BC$の展開式の応用である。

[*3] Σの記号を用いた表記のしかたについては本章の補論を参照。

J が大きくなるにしたがい、第 1 項の $1/J$ は 0 に、第 2 項の $(J-1)/J$ は 1 に近づきます。J が無限大に向かうと、ポートフォリオの分散はポートフォリオの共分散の平均に向かいます。

$$\lim_{J \to \infty} \sigma^2_{port} = \overline{COV}$$

この結果から、ポートフォリオのリスクには、組み入れる株式を増やして消せる部分と消せない部分があることがわかります。消せるのは個別株式の分散によって表される個別リスク（$\overline{V}$）であり、消せないのは共分散によって表される市場リスク（$\overline{COV}$）です[*4]。

$$\sigma^2_{port} = \underbrace{\text{個別リスク}}_{\text{消せるリスク}} + \underbrace{\text{市場リスク}}_{\text{消せないリスク}}$$

図表 8–2 はポートフォリオに組み入れる株式の数とポートフォリオの分散との関係を表しています。組み入れる株式の数が少ないときには個別リスクをあまり除去できないので、ポートフォリオの分散は比較的大きいです。組み入れる株式の数が多いときには個別リスクをおおよそ除去できるので、ポートフォリオの分散は比較的小さくなります。組み入れる株式の数を上限なく増やすと、ポートフォリオの分散は市場リスク（$\overline{COV}$）に近づいてゆきます。

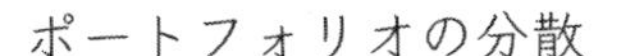

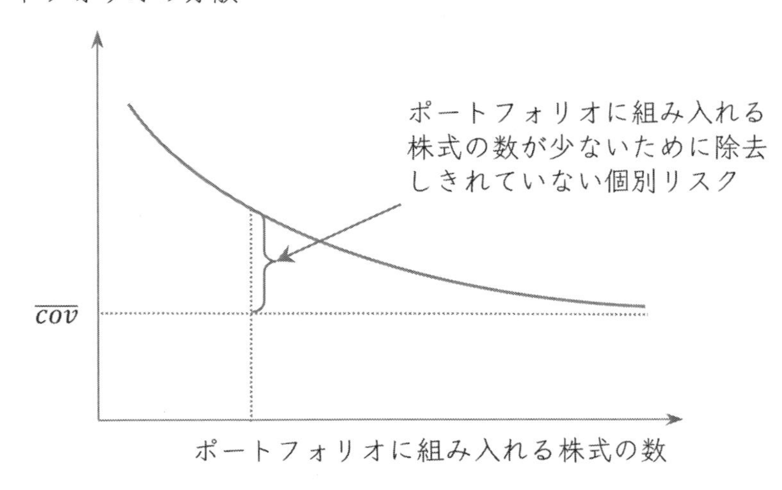

図表 8–2　ポートフォリオの分散[*5]

[*4] Markowitz（1952,p.79）に「変数に相関がなければ、大数の法則からリスクは次第に 0 に近づいてゆくが、株式リターンには相関があるので、投資する銘柄数を増やしてもリスクは 0 にならない」（筆者による意訳）とある。
[*5] Evans and Archer（1968）の Figure 1 を参考に作成。

8.3　市場ポートフォリオ

投資できるすべての株式を組み入れて組成するポートフォリオを、市場ポートフォリオといいます。たとえば、東京証券取引所に上場しているすべての株式を組み入れたポートフォリオは、市場ポートフォリオとみなせます。

前節でみたように、組み入れる株式の数を増やすとポートフォリオの分散は小さくなります。分散が小さくなると、ポートフォリオの標準偏差も小さくなります。投資できるすべての株式を組み入れる市場ポートフォリオの標準偏差は、所与のリターンという制約下で最小となります。市場ポートフォリオの効率的フロンティアは、図表 8–3 のように、数銘柄しか組み入れていないポートフォリオの効率的フロンティアより左上に位置します。

市場ポートフォリオは、リスク資産だけで実現できる最良の効率的フロンティアを提供します。したがって、リスクのある証券にしか投資できないとき、リスク回避的な投資家は市場ポートフォリオの効率的フロンティア上の点を選びます。たとえば、リスク回避度が図表 8–3 の無差別曲線によって表される投資家は、市場ポートフォリオに投資することで、リスクとリターンの関係を A から B へ改善することができます。

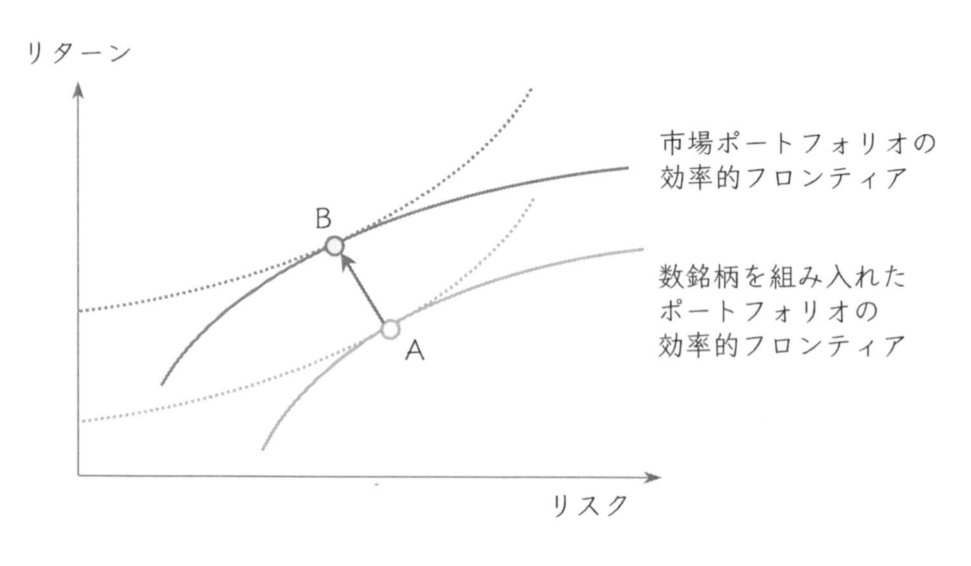

図表 8–3　市場ポートフォリオ

補論　分散の式

本文で示したように、3 つの株式を組み入れたポートフォリオの分散に含まれる個別株式の分散と共分散は次のようにまとめられます。

$$\begin{pmatrix} \sigma_1^2 & cov_{12} & cov_{13} \\ cov_{21} & \sigma_2^2 & cov_{23} \\ cov_{31} & cov_{32} & \sigma_3^2 \end{pmatrix}$$

この分散共分散行列を用いると、ポートフォリオの分散は下式のように書くことができます。

$$\sigma_{port}^2 = \begin{pmatrix} w_1 & w_2 & w_3 \end{pmatrix} \begin{pmatrix} \sigma_1^2 & cov_{12} & cov_{13} \\ cov_{21} & \sigma_2^2 & cov_{23} \\ cov_{31} & cov_{32} & \sigma_3^2 \end{pmatrix} \begin{pmatrix} w_1 \\ w_2 \\ w_3 \end{pmatrix}$$

この式を見慣れない人は多いと思いますが、かけ算とたし算をコンパクトにまとめたものだとみてください。順を追って計算すると、本文で示したポートフォリオの分散の式が得られます。まず左 2 つの（）を計算します。計算のしかたは、左にある（）の行と中央にある（）の列との積和です。左の（）と中央の大きな（）の第 1 列だけ取り出して計算すると

$$\begin{pmatrix} w_1 & w_2 & w_3 \end{pmatrix} \begin{pmatrix} \sigma_1^2 \\ cov_{21} \\ cov_{31} \end{pmatrix} = w_1\sigma_1^2 + w_2cov_{21} + w_3cov_{31}$$

同様に第 2 列、第 3 列だけ取り出して計算すると

$$\begin{pmatrix} w_1 & w_2 & w_3 \end{pmatrix} \begin{pmatrix} cov_{12} \\ \sigma_2^2 \\ cov_{32} \end{pmatrix} = w_1cov_{12} + w_2\sigma_2^2 + w_3cov_{32}$$

$$\begin{pmatrix} w_1 & w_2 & w_3 \end{pmatrix} \begin{pmatrix} cov_{13} \\ cov_{23} \\ \sigma_3^2 \end{pmatrix} = w_1cov_{13} + w_2cov_{23} + w_3\sigma_3^2$$

これで左 2 つの（）の計算ができました。残された計算を（）を使って表記すると

$$\sigma_{port}^2 = \begin{pmatrix} \text{第 1 列の計算結果} & \text{第 2 列の計算結果} & \text{第 3 列の計算結果} \end{pmatrix} \begin{pmatrix} w_1 \\ w_2 \\ w_3 \end{pmatrix}$$

この式も各列の計算結果をまとめた（）と右の（）の積和です。計算すると

$$\begin{aligned}\sigma_{port}^2 &= (w_1\sigma_1^2 + w_2 cov_{21} + w_3 cov_{31}) \times w_1 \\ &+ (w_1 cov_{12} + w_2\sigma_2^2 + w_3 cov_{32}) \times w_2 \\ &+ (w_1 cov_{13} + w_2 cov_{23} + w_3\sigma_3^2) \times w_3\end{aligned}$$

$$\begin{aligned}\sigma_{port}^2 &= w_1 w_1 \sigma_1^2 + w_1 w_2 cov_{21} + w_1 w_3 cov_{31} \\ &+ w_1 w_2 cov_{12} + w_2 w_2 \sigma_2^2 + w_2 w_3 cov_{32} \\ &+ w_1 w_3 cov_{13} + w_2 w_3 cov_{23} + w_3 w_3 \sigma_3^2\end{aligned}$$

分散の項を前に、共分散の項をペアごとに後に並べると本文の式が得られます。

$$\sigma_{port}^2 = w_1^2\sigma_1^2 + w_2^2\sigma_2^2 + w_3^2\sigma_3^2 + 2w_1w_2cov_{12} + 2w_1w_3cov_{13} + 2w_2w_3cov_{23}$$

分散の項と共分散の項を記号 Σ を用いて表記すると

$$w_1^2\sigma_1^2 + w_2^2\sigma_2^2 + w_3^2\sigma_3^2 = \sum_{j=1}^{3}(w_j^2\sigma_j^2)$$

$$2w_1w_2cov_{12} + 2w_1w_3cov_{13} + 2w_2w_3cov_{23} = \sum_{j=1}^{3}\sum_{\substack{k=1\\k\neq j}}^{3}(w_jw_kcov_{jk})$$

共分散の式は記号 Σ が二重になっていて複雑です。展開して等式が成り立つことを確認します。まず、記号 j に 1, 2, 3 を順に代入して外側の Σ を外します。

$$\sum_{j=1}^{3}\sum_{\substack{k=1\\k\neq j}}^{3}(w_jw_kcov_{jk}) = \sum_{\substack{k=1\\k\neq 1}}^{3}(w_1w_kcov_{1k}) + \sum_{\substack{k=1\\k\neq 2}}^{3}(w_2w_kcov_{2k}) + \sum_{\substack{k=1\\k\neq 3}}^{3}(w_3w_kcov_{3k})$$

第 1 項の Σ は「k の値を 1 から 3 まで 1, 2, 3 と動かすが、k は 1 でない」と指示しています。これは「k の値を 2, 3 と動かす」ことを意味します。すなわち

$$\sum_{\substack{k=1\\k\neq 1}}^{3}(w_1w_kcov_{1k}) = w_1w_2cov_{12} + w_1w_3cov_{13}$$

同様に

$$\sum_{\substack{k=1\\k\neq 2}}^{3}(w_2 w_k cov_{2k}) = w_2 w_1 cov_{21} + w_2 w_3 cov_{23}$$

$$\sum_{\substack{k=1\\k\neq 3}}^{3}(w_3 w_k cov_{3k}) = w_3 w_1 cov_{31} + w_3 w_2 cov_{32}$$

展開してあらわれた 6 つの共分散を 3 ペアにまとめると

$$\sum_{j=1}^{3}\sum_{\substack{k=1\\k\neq j}}^{3}(w_j w_k cov_{jk}) = 2w_1 w_2 cov_{12} + 2w_1 w_3 cov_{13} + 2w_2 w_3 cov_{23}$$

ポートフォリオの分散を下式のように表せることが確かめられました。

$$\sigma_{port}^2 = \sum_{j=1}^{3}(w_j^2 \sigma_j^2) + \sum_{j=1}^{3}\sum_{\substack{k=1\\k\neq j}}^{3}(w_j w_k cov_{jk})$$

Reference

- Evans, John L., and Stephen H. Archer, 1968, Diversification and the Reduction of Dispersion: An Empirical Analysis, Journal of Finance, 23, 5, 761–767.
- Fama, Eugene Francis, and Merton Howard Miller, 1976, Theory of Finance, Holt Rinehart & Winston.
- Markowitz, Harry, 1952, Portfolio Selection, Journal of Finance, 7, 1, 77–91.

Reading List

- Fama, Eugene Francis, 1965, Portfolio Analysis in a Stable Paretian Market, Management Science, 11, 3, Series A, Sciences, 404–419.
- Gressis, Nicolas, and William A. Remaley, 1974, Comment: "Safety First —An Expected Utility Principle", Journal of Financial and Quantitative Analysis, 9, 6, 1057–1061.
- Hastie, K. Larry, 1967, The Determination of Optimal Investment Policy, Management Science, 13, 12, Series B, Managerial, B757–B774.
- Jensen, Michael Cole, 1969, Risk, the Pricing of Capital Assets, and the Evaluation of Investment Performance, Journal of Business, 42, 2, 167–247.
- Merton, Robert Cox, 1972, An Analytic Derivation of the Efficient Portfolio Frontier, Journal of Financial and Quantitative Analysis, 7, 4, 1851–1872.
- Merton, Robert Cox, and Paul Anthony Samuelson, 1974, Fallacy of the Log-Normal Approximation to Optimal Portfolio Decision-Making over Many Periods, Journal of Financial Economics, 1, 1, 67–94.
- Samuelson, Paul Anthony, 1967, General Proof that Diversification Pays, Journal of Financial and Quantitative Analysis, 2, 1, 1–13.
- Statman, Meir, 1987, How Many Stocks Make a Diversified Portfolio?, Journal of Financial and Quantitative Analysis, 22, 3, 353–363.

9 無リスク資産の導入

前章まで、リスクがある証券にだけ投資することを考えてきました。本章では、リスクがない特別な金融商品にも投資できるとき、リスク回避的な投資家にとって何が最適な戦略なのか考えます。

9.1 無リスク資産

経済には、投資を始める時点で利益率（利回り）が確定する金融商品があります。この種の商品は、リスクがないとみなせることから、無リスク資産といいます。

預金保険法は、金融機関が預金を払い戻せなくなったときや、営業免許を取り消されたり破綻したときに、定期預金の元本１千万円までとその利息が払い戻されると定めています。定期預金は無リスク資産とみなすことができます[*1]。

9.2 資本市場線

無リスク資産にも投資できるとき、リスク回避的な投資家にとって何が最適な戦略になるのでしょうか。前章で学んだように、リスク回避的な投資家はリスク資産を市場ポートフォリオで保有することが最適となります。そこで、ここでは市場ポートフォリオを１つの資産と捉え、市場ポートフォリオと無リスク資産からなるポートフォリオについて考えます。

[*1] 預金保険法 49 条に「一定の金額の範囲内において、当該預金等の払戻しにつき、機構と当該金融機関及び預金者等との間に保険関係が成立する」とある。無リスク資産について長尾監修・岡村訳（2010,p.42）は「株価の下落を懸念するすべての投資家が購入するものや銀行にも個人にもキャピタルゲインやキャピタルロスをもたらさずに両当事者間で売買されるもの」とある。

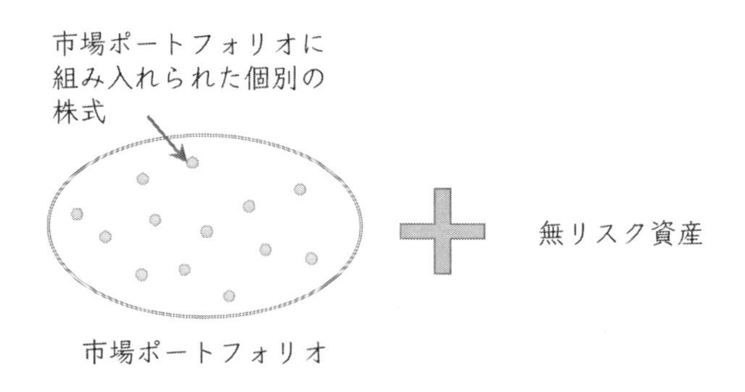

図表 9–1　市場ポートフォリオと無リスク資産

市場ポートフォリオの期待利益率を ER_M、標準偏差を σ_M とおきます。無リスク資産の利益率を R_0 とおきます。無リスク資産の標準偏差は定義上 0 です。さらに、市場ポートフォリオに投ずる資金の比率を w 、無リスク資産に投ずる資金の比率を $1-w$ とおきます。

	市場ポートフォリオ	無リスク資産
期待利益率	ER_M	R_0
標準偏差	σ_M	0
投資比率	w	$1-w$

図表 9–2　無リスク資産を組み入れたポートフォリオ

このとき、ポートフォリオの期待利益率は次式によって表されます。

$$ER_{port} = wER_M + (1-w)R_0$$

式を少し変形すると

$$ER_{port} = R_0 + w(ER_M - R_0)$$

ポートフォリオの分散は

$$\sigma^2_{port} = w^2\sigma^2_M + (1-w)^2(0)^2 + 2w(1-w)cov_{M0}$$

利益率が変動する市場ポートフォリオと、利益率が変動しない無リスク資産の動きはまったく連動しないので、共分散 cov_{M0} の値は 0 です。すると、分散の式は

$$\sigma_{port}^2 = w^2\sigma_M^2$$

両辺平方根をとるとポートフォリオの標準偏差が得られます。

$$\sigma_{port} = w\sigma_M$$

これを w について解くと

$$w = \frac{\sigma_{port}}{\sigma_M}$$

w を期待利益率の式に代入すると

$$ER_{port} = R_0 + \frac{\sigma_{port}}{\sigma_M}(ER_M - R_0)$$

$$ER_{port} = R_0 + \frac{ER_M - R_0}{\sigma_M}\sigma_{port}$$

図表 9–3 は式をグラフにしたものです。横軸に σ_{port}、縦軸に ER_{port} をとると、上式は切片 R_0、傾き $(ER_M - R_0)/\sigma_M$ の直線になります。これを資本市場線（CML）といいます[*2]。

興味深いことに、資本市場線は市場ポートフォリオの効率的フロンティアと 1 点で接します。これは無リスク資産に投ずる資金の比率が 0 であるとき、資金の全額を市場ポートフォリオに投ずることになることから理解されます。式でこのことをみてみましょう。資金の全額を市場ポートフォリオに投ずるとき、ここで考えているポートフォリオのリスク量 σ_{port} は市場ポートフォリオのリスク量 σ_M と等しくなります。これを代入すると、下式のように、ポートフォリオの期待利益率は ER_M と等しくなります。

$$\begin{aligned} ER_{port} &= R_0 + \frac{ER_M - R_0}{\sigma_M}\sigma_M \\ &= R_0 + (ER_M - R_0) \\ &= ER_M \end{aligned}$$

*2 資本市場線は英語で Capital Market Line と表記する。

図表 9–3 の左下にある色をつけた領域は、市場ポートフォリオと無リスク資産からポートフォリオを組成すると、市場ポートフォリオよりもリスクを小さくできることを表しています。右上にある色をつけた領域は、市場ポートフォリオと無リスク資産からポートフォリオを組成すると、市場ポートフォリオよりもリターンを高くできることを示しています。したがって、無リスク資産にも投資できるとき、リスク回避的な投資家は資本市場線上の点を選ぶことが最適となります。

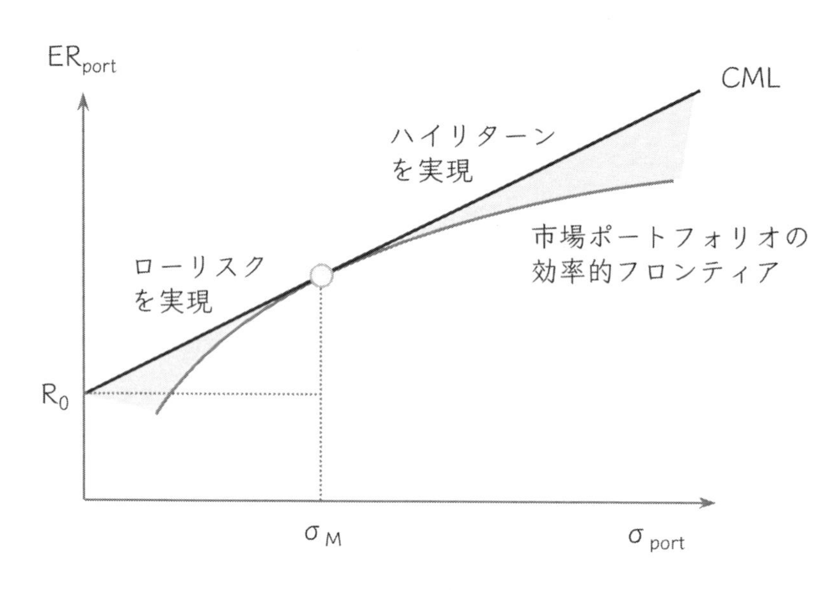

図表 9–3　資本市場線（CML）と市場ポートフォリオ

資本市場線上のどの点が最適かは投資家のリスク回避度によります。リスク回避度が図表 9–4 の無差別曲線 I_1 によって表される投資家は、リスクを避けたいという気持ちが比較的強い投資家です。この投資家にとっては、投資資金の一部を無リスク資産へ、残りを市場ポートフォリオに投ずる戦略（無差別曲線 I_1 と CML の接点）が最適となります。リスク回避度が無差別曲線 I_2 によって表される投資家は、リスクを避けたいという気持ちが比較的弱い投資家です。この投資家にとっては、手持ち資金と借り入れた資金のすべてを市場ポートフォリオに投ずる戦略（無差別曲線 I_2 と CML の接点）が最適となります。

図表 9–5 は最適戦略の区分を表しています。無差別曲線が A の部分で CML と接する投資家は、資金の一部を無リスク資産へ、残りを市場ポートフォリオへ投ずることが最適となります。無差別曲線が点 B で CML と接する投資家は、資金の全額を市場ポートフォリオへ投ずることが最適となります。無差別曲線が C の部分で CML と接する投資家は、手持ち資金と借り入れ資金のすべてを市場ポートフォリオへ投ずることが最適となります。

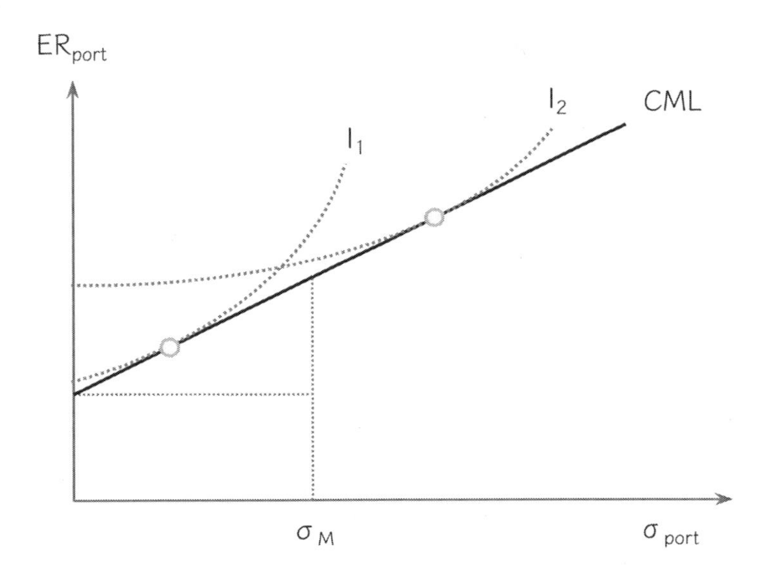

図表 9–4　投資家のリスク回避度に応じた最適戦略*3

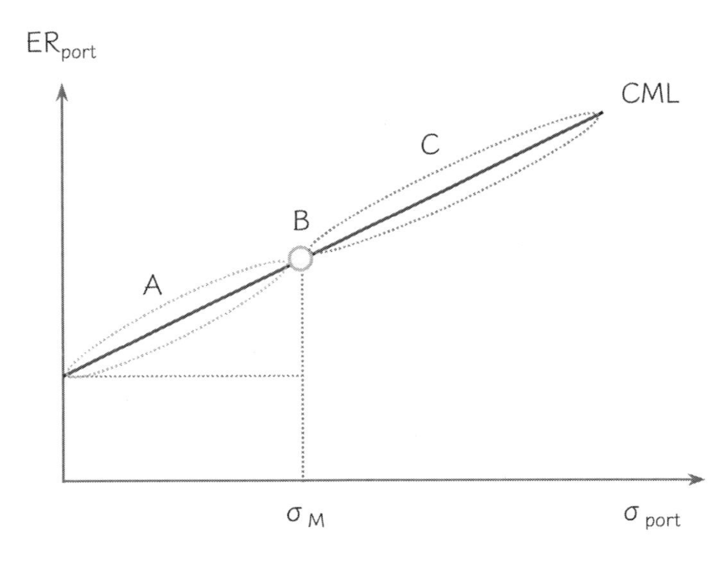

図表 9–5　最適戦略の区分

*3 Lintner（1965,p.19）の Figure 1、Jensen（1972,p.360）の Figure 1 をもとに作成。

9.3 パッシブ運用

前節で、リスク回避的な投資家にとって最適な戦略は無差別曲線と資本市場線（CML）の接点から導かれることを学びました。この理論を実践するにはどうすればよいのでしょうか。現実の世界にある無リスク資産とみなせるものは定期預金などです。市場ポートフォリオとみなせるものはExchange Traded Fund（ETF）です。ETF とは、多くの株式から組成されるポートフォリオを、ふつうの株式と同じように取引できるようにした証券です[*4]。図表 9–6 は代表的な ETF を紹介しています。

理論	資産	商品
無リスク資産	預金	金融機関の定期預金等
市場ポートフォリオ	ETF	日経平均 JPX 日経 400 MSCI-KOKUSAI

図表 9–6　パッシブ運用の実践

日経平均とは、東京証券取引所プライム市場に上場している 225 社の株式の平均株価です。経済ニュースで「今日の日経平均株価の終値は…」と聞く、その価格です。JPX 日経 400 とは、東京証券取引所に上場する業績のよい 400 社から組成されるポートフォリオの時価総額です。MSCI-KOKUSAI とは日本を除く先進 22 か国の流通株式時価総額の 85% をカバーする指数です[*5]。

私たちは、日経平均、JPX 日経 400、MSCI-KOUKUSAI に連動する ETF を市場ポートフォリオとみなして投資することができます。はじめて株式投資をする人は、これらの ETF が有力な候補になるのではないでしょうか[*6]。

[*4] 野村アセットマネジメント編（2021,p.3）に「ETF（上場投資信託）は世界中で今世紀最も成功した金融商品の一つともいわれている。世界全体でその総資産残高は 2020 年 9 月末時点でおよそ 6.8 兆ドル（約 700 兆円）に達している。2003 年末時点で訳 2,000 億ドル（約 20 兆円）であったことを考えると、まさに 21 世紀に入ってから現在まで ETF の世紀だったといっても過言ではない」とある。また、野村アセットマネジメント編（2021,p.3）は、日本初の ETF は 1995 年、日経株価指数 300 に連動するものであったと伝えている。

[*5] 日経平均については株式会社日本経済新聞社（2023）を、JPX 日経 400 については株式会社東京証券取引所・株式会社日本経済新聞社（2023）、東証株価指数（TOPIX）については株式会社 JPX 総研（2022,2023）を参照。MSCI-KOKUSAI については MSCI（2023）を参照。

[*6] ETF については日本取引所グループ, 株式・ETF・REIT 等,ETF, 銘柄一覧を参照。日経平均株価の水準と日経平均株価に連動する ETF の水準には 1,000 円を超える差があることに留意する。この点については佐々木（2017）

図表 9–7 は投資信託の残高を国別に示しています。米国の残高は 4,992 兆円と飛び抜けて多いことがわかります。日本の残高は 321 兆円です。金融経済のしくみが異なるため単純に比べることは難しいのですが、このグラフが民間企業を支える国民の熱意を示すものと考えると、わが国の残高はもっと増えてよいのかもしれません。

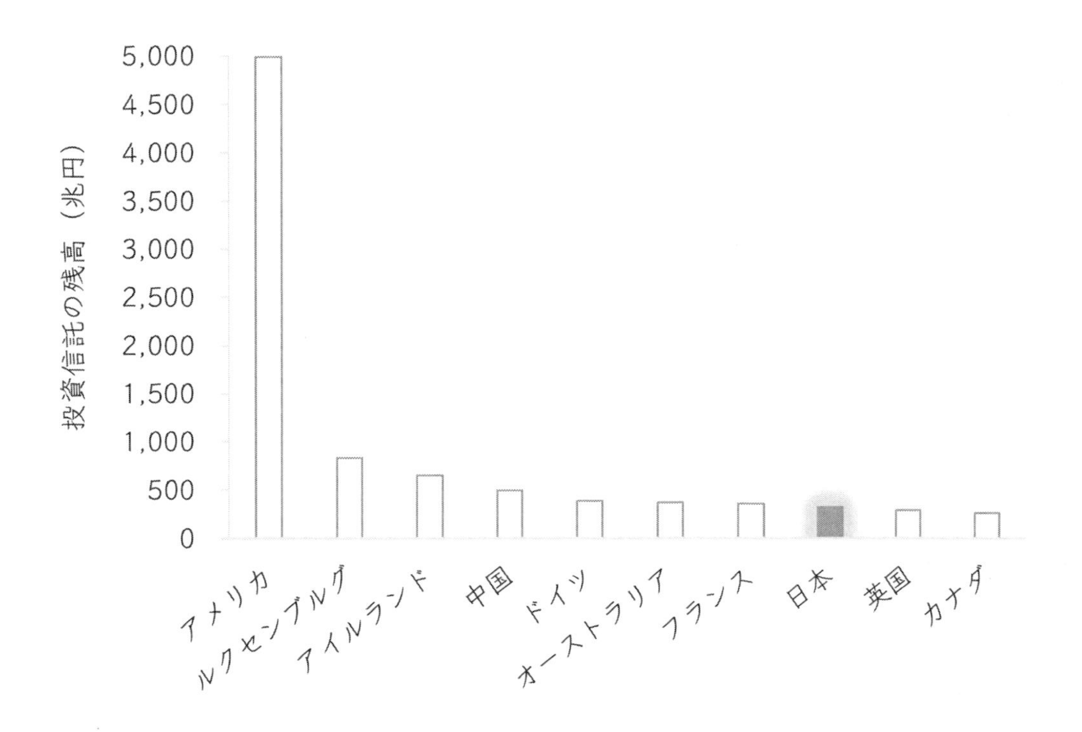

図表 9–7　投資信託の残高*7

を参照。

野村アセットマネジメント編（2021,p.26,p.41）によれば、ETF の市場での売買を円滑ならしめる役割を高速取引業者（HFT）が担うこともあるようである。

平山（2021,p.21）に「日本銀行が保有する ETF が、存在するすべての ETF に対して、どの程度のシェアを占めるか」をみると、「2014 年 3 月の 47.6% から 2020 年 9 月の 84.5% まで急速にシェアアップしているのが確認できよう」とある。ETF は民間の投資家が保有しているという私たちのイメージとは異なる現実がある。

*7 一般社団法人投資信託協会, 投資信託の世界統計,2024 年第 1 四半期（1 月〜3 月）から 2024 年 3 月末のデータを取得し、1 ドル 150 円で円換算して掲げた。日米の家計金融構造の違いは福原（2016）を、投資信託一般については本柳・河原（2015）を参照。

Reference

- 株式会社 JPX 総研『東証指数算出要領（TOPIX 編)』2022 年。
- 株式会社 JPX 総研『東証指数算出要領（TOPIX ニューインデックスシリーズ・東証規模別株価指数編)』2023 年。
- 株式会社東京証券取引所・株式会社日本経済新聞社『JPX 日経インデックス 400 算出要領』2023 年。
- 株式会社日本経済新聞社『日経平均株価 算出要領』2023 年。
- 佐々木浩二『大阪取引所で取引される国内株価指数先物』先物・オプションレポート, 29, 4, 1–13, 大阪取引所, 2017 年。
- 野村アセットマネジメント編『ETF 大全』日経 BP マーケティング, 2021 年。
- 平山賢一『日銀 ETF 問題 —《最大株主化》の実態とその出口戦略—』中央経済社, 2021 年。
- 福原敏恭『日米家計のリスク資産保有に関する論点整理』BOJ Reports & Research Papers, 2016 年。
- 本柳祐介・河原雄亮『投資信託の法制と実務対応』商事法務、2015 年。
- Williams Jr., John Barr 著, 長尾慎太郎監修・岡村桂訳『投資理論 —株式と債券を正しく評価する方法—』ウィザードブックシリーズ 172, パンローリング, 2010 年。
- Jensen, Michael Cole, 1972, Capital Markets : Theory and Evidence, Bell Journal of Economics and Management Science, 3, 2, 357–398.
- Lintner, John, 1965, The Valuation of Risk Assets and the Selection of Risky Investments in Stock Portfolios and Capital Budgets, Review of Economics and Statistics, 47, 13–37.
- MSCI, 2023, MSCI Kokusai Index (JPY), Index Factsheet.

Reading List

- 佐々木貴彦『東証再編と日本株への影響について』三菱 UFJ 信託資産運用情報, 1–14, 2021 年 8 月。
- 杉田浩治『世界の投資信託 30 年の変化と今後の課題』日本証券経済研究所, 2016 年。
- 杉田浩治『拡充をつづける世界の ETF（その現況と成長の背景、今後の展開)』日本証券経済研究所, 2017 年。
- Fama, Eugene Francis, and Kenneth R. French, 2002, The Equity Premium, The Journal of Finance, 57, 2, 637–659
- Schwert, G. William, 1990, Indexes of U.S. Stock Prices from 1802 to 1987, Journal of Business, 63, 3, 399-426.
- Schwert, G. William, 1990, Stock Returns and Real Activity: A Century of Evidence, Journal of Finance, 45, 4, 1237–1257.
- Varian, Hal, 1993, A Portfolio of Nobel Laureates: Markowitz, Miller and Sharpe, Journal of Economic Perspectives, 7, 1, 159–169.

III

株式投資の実践

Quotes

「投機によって利益を得るには、価格の変動を予測できなければならない。価格の変動は投資家の見解の変化に一致して生じるため、つまりは見解の変化を予測できなければならない。投機家として成功する秘訣はまさにここにある。本質的価値そのものの意味について知っておく必要はないが、人々が本質的価値についてどのように考えているかを知っておく必要がある」(Williams Jr., John Barr 著, 長尾慎太郎監修・岡村桂訳『投資価値理論 —株式と債券を正しく評価する方法—』ウィザードブックシリーズ 172, パンローリング, 2010 年, p.51)

「公衆が何のあてもなく、上昇市場では買いに回り、下降市場では売りに回るということは、株式取引所では周知のことである」(Pareto, Vilfredo Frederico Damaso 著, 川崎嘉元訳『エリートの周流』垣内出版, 1975 年, p.95)

「資産運用と呼ばれる「マネーゲーム」も、最近数十年で「勝者のゲーム」から「敗者のゲーム」へと変わってしまった。証券運用の世界で根本的な変化が起きたのだ。市場より高い成果をあげようと懸命に努力する機関投資家が多数現れ、市場を支配するようになってきた。この変化がすべての原因である。今やアクティブな運用機関は、初めて市場に顔を出す金融機関やアマチュアと競争しているわけではない。今や、彼らは他の優秀な専門家と敗者のゲームを戦っており、そこで勝ち残る秘訣は、競争相手より失点をできるだけ少なくすることなのだ。要するに、プロのファンド・マネジャーがきわめて優秀であるからこそ、個々のマネジャーは彼らの総体である市場に勝つことができない、ということだ」(Ellis, Charles D. 著, 鹿毛雄二訳『敗者のゲーム』原著第 6 版, 日本経済新聞出版社, 2017 年, pp.23–24)

10　テクニカル分析

第 2 部で行った理論的な分析の結論は「リスク回避的な投資家はパッシブ運用すべきだ」ということでした。この結論をそのまま実践してよさそうか、日本の戦後の株式市場を表す図表 10–1 で検証しましょう。

左図は 1950 年末から 1989 年末の TOPIX を示しています。1950 年末に 11.57 ポイントであった TOPIX は、1970 年代前半に第 1 次石油ショックで落ち込んだもののその後急上昇し、1989 年末に 2,881.37 ポイントに達しました。右図は 1990 年以降の TOPIX を示しています。左図と大きく異なり、数年周期で上下しながら停滞が続きました。2011 年以降は回復基調がつづき、2023 年 4 月中旬にようやく 2000 ポイントを回復しました。

1989 年まではパッシブ運用で大きな成果が得られましたが、1990 年以降は難しい時期が長くつづきました。パッシブ運用はいつでも確実に成果が得られる投資手法ではないようです。

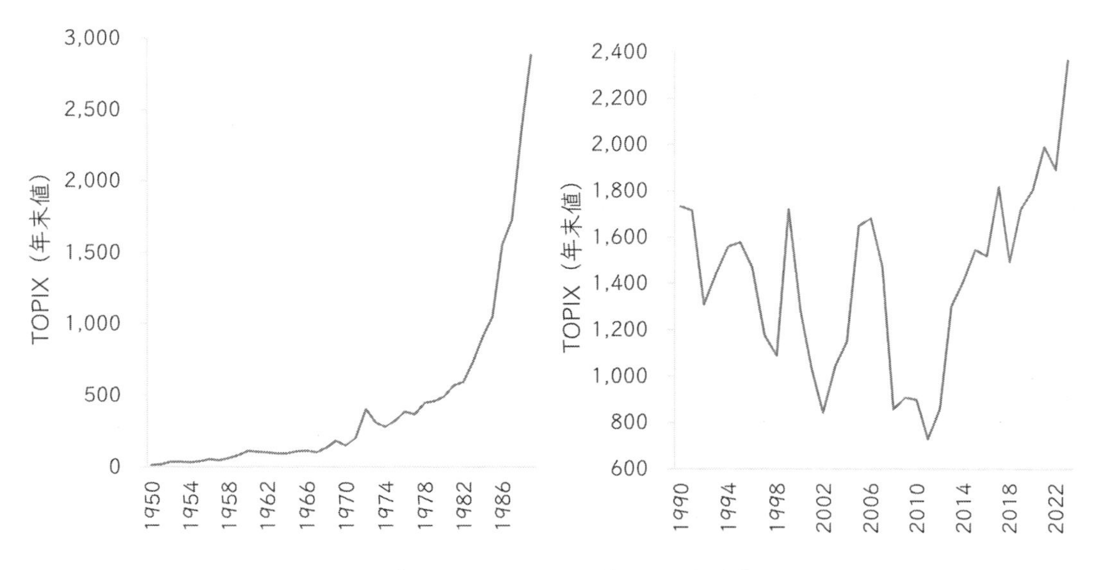

図表 10–1　パッシブ運用の成果[*1]

[*1] 日本取引所グループ,TOPIX（東証株価指数）, 指数値の推移からデータを取得し作成。

こうした市場環境を反映して、株式を売買するタイミングに関心が寄せられるようになりました。最適なタイミングで株式を売買して利益を得ようとする投資の手法をアクティブ運用といいます。アクティブ運用はテクニカル分析とファンダメンタル分析に大別されます。本章ではテクニカル分析について説明します。

10.1 テクニカル分析の前提

テクニカル分析とは、「チャートにより市場の動きを研究」し「将来の価格の方向性を予測」する手法のことです。テクニカル分析は次の3つの前提をもとに行われます[*2]。

1つめは、価格はすべてを織り込むという前提です。図表10–2が示すように、多様な情報が株価に影響を与えます。これらのうち、何がどれだけ株価に影響するのか解明するのは困難です。テクニカル分析ではそうした難しいことにこだわらず、情報が織り込まれた株価に注目します。

図表10–2　株価に影響を与える情報

2つめは、株価はトレンドを形成するという前提です。株価の動きの傾向をトレンドといいます。図表10–3は携帯キャリアauを運営しているKDDIの株価を表しています。株価の動きを表すこの図をチャートといいます。

チャートをみると、2021年12月から2022年5月にかけて株価は上昇傾向にあり、その後は下降傾向にあります。このような、一定期間の株価の動きが形成する上昇と下降の傾向をトレンドといいます。テクニカル分析では、株価のトレンドに注目します。

3つめは、歴史は繰り返すという前提です。テクニカル分析では、株価の特定の動きをトレンド転換のシグナルと解釈します。さらに、これまでトレンド転換のシグナルとして有効であった株価の動きは、これからもトレンド転換のシグナルとして有効でありつづけると考えます。

[*2] 日本興業銀行国際資金部訳（1993,pp.1–2）から引用。Fama（1965,p.34）も参照。Fama（1965,p.39）は、テクニカル分析を用いる投資家を“chart reader”、ファンダメンタル分析を用いる投資家を“intrinsic value analyst”と表記している。

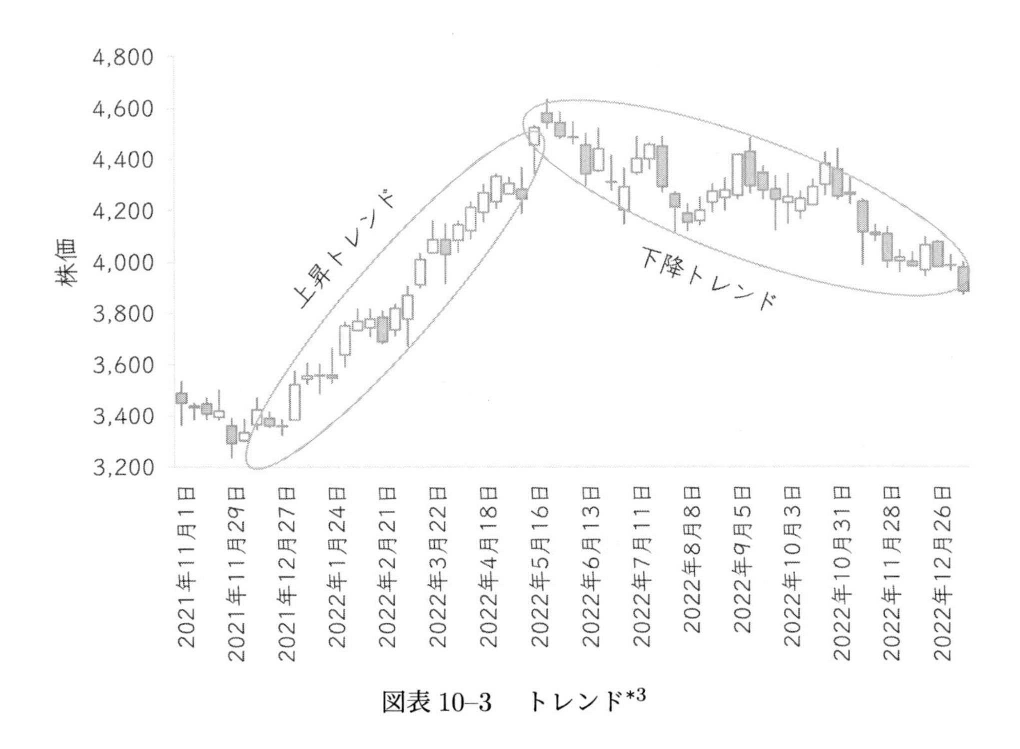

図表 10–3　トレンド[*3]

テクニカル分析はこれら 3 つの前提が成り立つときに成果を得る投資手法です。現実の株価がこれらの前提を満たすのであれば、トレンド転換のシグナルにしたがって売買することで利益が得られます。たとえば、図表 10–4 のように、下降トレンドから上昇トレンドへの転換シグナルが出たときに買い、上昇トレンドから下降トレンドへの転換シグナルが出たときに売れば、差額が利益となります。トレンド転換のシグナルに 100% の信頼性がなくても、一定以上の確率でトレンド転換を予測できれば、売買を繰り返すことで利益を確保することができます。

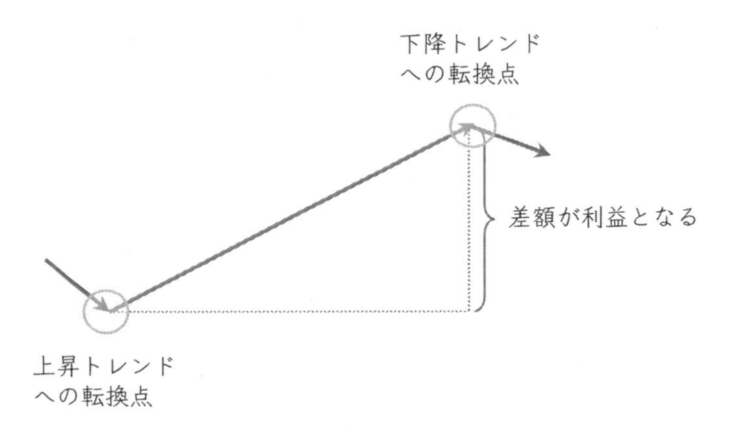

図表 10–4　トレンドの転換と投資利益

[*3] 日経 NEEDS Financial Quest から KDDI 株式会社の週足株価を取得し作成。

10.2 テクニカル分析の手法

書店の株式投資のコーナーには、テクニカル分析に関する本がたくさん並んでいます。中でも『テクニカル分析大全』は、多くの手法を網羅的に収録した辞典のようなものです。ここでは、この本に収録されているローソク足、移動平均線、トレンドライン、RSI という手法を紹介します[*4]。

ローソク足 テクニカル分析では、図表 10–5 のように、長方形と棒を組み合わせた図形を連ねて株価の動きを表すことが多いです。この図形のことをローソク足といいます。

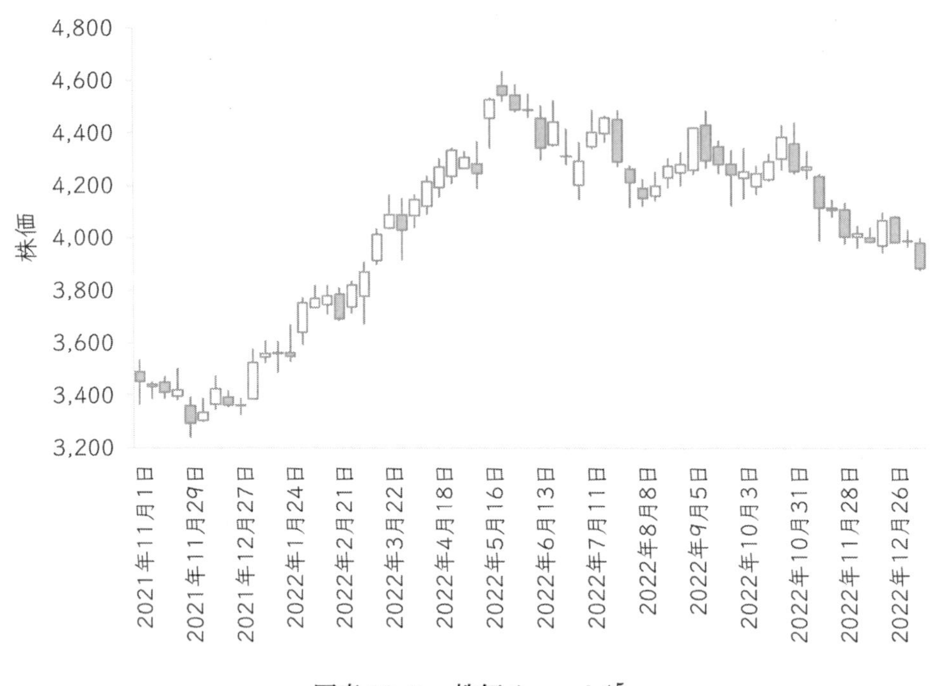

図表 10–5 株価チャート[*5]

図表 10–6 はチャートから取り出したローソク足です。ローソク足の中ほどにある長方形を実体線といいます。実体線から上へ伸びる線を上ひげ、下に伸びる線を下ひげといいます。上ひげの最高点は取引の期間中についた最高値を表し、下ひげの最下点は取引の期間中についた最安値を表します。この図のように実体線が白抜きであるローソク足を陽線といいます。陽線の実体線の下端は取引期間の始めについた株価を、実体線の上端は取引期間の終わりについた株価を表します。

[*4] 日本テクニカルアナリスト協会編（2009）を参照してこの節を記述した。ローソク足については pp.330–372、移動平均線については pp.137–168、トレンドラインについては pp.187–204、RSI については pp.252–256 を参照。
[*5] 日経 NEEDS Financial Quest から KDDI 株式会社の週足株価を取得し作成。

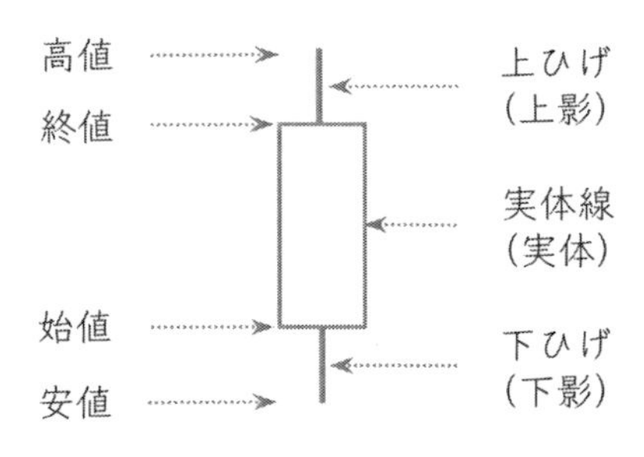

図表 10–6　ローソク足（陽線）*6

ローソク足の形は取引期間中の値動きを反映しています。たとえば、図表 10–7 のような陽線は、取引期間が始まってすぐに安値をつけ、その後相場環境が好転して高値をとり、利益確定の売りに若干押されて取引期間を終えたことを示唆します。

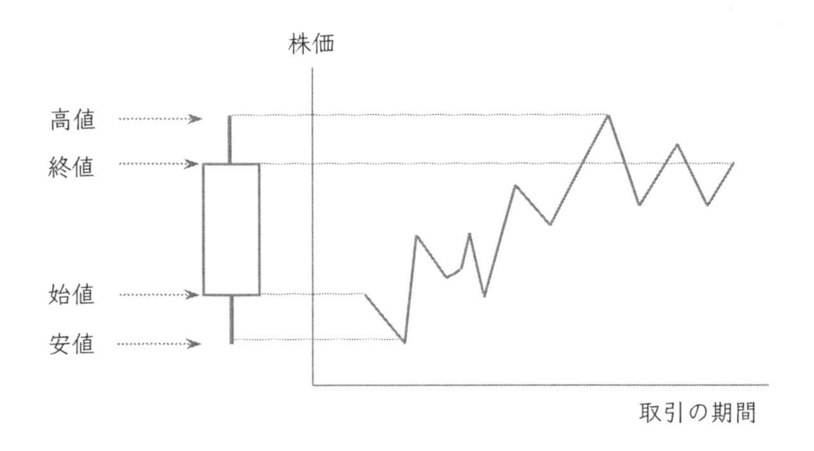

図表 10–7　陽線から推測される値動き*7

図表 10–8 のように、実体が濃い色で塗りつぶされているローソク足を陰線といいます。図表の陰線は、取引期間が始まってすぐに高値をとり、その後相場環境が悪化して安値をつけ、買い戻しが若干入って取引を終えたことを示唆します*8。

*6 日本テクニカルアナリスト協会編（2009,p.331）の図 6–1 を参照して作成。
*7 この陽線を形作る値動きはひととおりでないことに留意する。図表 10–8 も同様である。
*8 陰線の実体線の上端は取引期間の始値を、実体線の下端は終値を表す。陽線とは始値と終値の位置が上下入れ替わることに留意する。

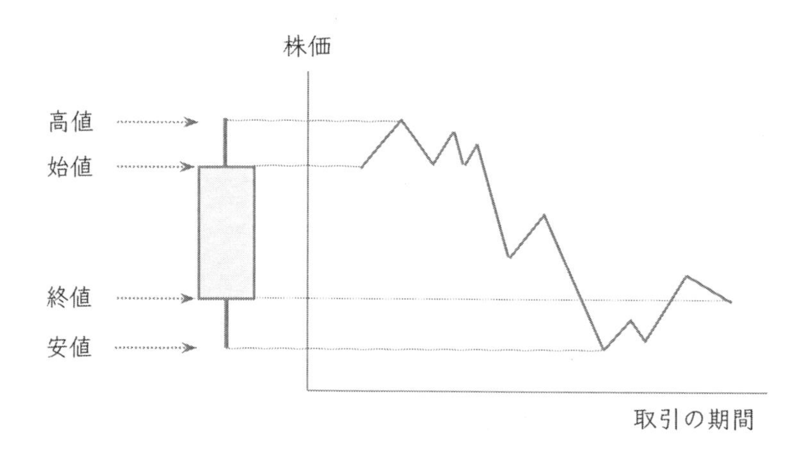

図表 10–8　陰線から推測される値動き

テクニカル分析では、図表 10–9 に掲げるようなローソク足 1 本でトレンドを判定することがあります。左にある大陽線は、取引期間に株価が上がりつづけたときに現れます。株価が上がりつづけるとき、始値と安値、終値と高値は等しくなりますので、大陽線には上ひげも下ひげもありません。この単線は強い上昇トレンドを示唆します。中央にある小陽線は、取引期間に株価が上下をくり返し、若干のプラスで取引を終えたときに現れます。株価が上下するとき、実体はせまく、上ひげと下ひげが生じます。この単線は株価が上がれば売られ、下がれば買われる方向感に乏しい相場を示唆します。右にある下影陽線は、取引の期間中に株価が大幅に下落し、その後買い戻されて取引を終えたときに現れます。売りをこなした後高値で引けたとき実体はせまく、長い下ひげが生じます。この単線は下降トレンドから上昇トレンドへの転換を示唆します。

図表 10–9　陽線単線によるトレンド判定[9]

複数のローソク足をまとめてトレンドを判定することもあります。図表 10–10 は複数足のトレンド判定の例を表しています。これらについては専門書を参照してください。

[9] 日本テクニカルアナリスト協会編（2009,p.332）の図 6–2 を参照して作成。

上昇トレンドへの転換	下降トレンドへの転換
三川明けの明星	三川宵の明星
逆三山底	三山天井
赤三兵	三羽烏

図表 10–10　複数足によるトレンド判定[*10]

ローソク足は、どれくらいの期間の取引を１つのローソク足にするかで姿が異なることに注意すべきです。１日の値動きを１つのローソク足にしたものを日足、１週間の値動きを１つのローソク足にしたものを週足、１月の値動きを１つのローソク足にしたものを月足といいます。図表 10–11 は KDDI の日足と月足を表しています。日足で見ると気迷い相場のはじめ、月足で見ると下降トレンドのはじめであるように見えます。投資家は、自らの投資期間にあったローソク足を分析に用いなければなりません。

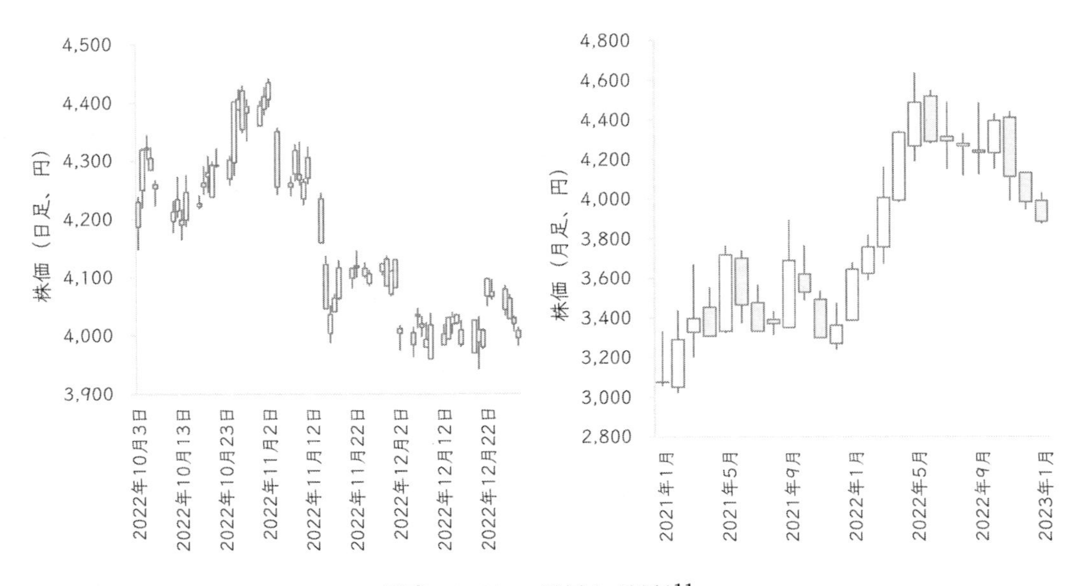

図表 10–11　日足と月足[*11]

[*10] 複数足のトレンド判定については日本テクニカルアナリスト協会編（2009,pp.336-356）を参照。
[*11] 日経 NEEDS Financial Quest から KDDI 株式会社の株価を取得し作成。

移動平均線　移動平均線とは過去の株価の平均である移動平均を用いてトレンドを判定する手法です[*12]。図表 10–12 は、KDDI の日足株価から算出される 3 日移動平均を掲げています。

	終値	3 日移動平均
2022 年 12 月 1 日	4,082	
2022 年 12 月 2 日	4,004	
2022 年 12 月 5 日	3,985	4,024
2022 年 12 月 6 日	4,036	4,008
2022 年 12 月 7 日	4,020	4,014
2022 年 12 月 8 日	3,993	4,016

図表 10–12　株価の 3 日移動平均[*13]

たとえば、2022 年 12 月 5 日の 3 日移動平均は、下式のように、12 月 1 日、12 月 2 日、12 月 5 日の株価の平均です[*14]。12 月 6 日から 12 月 8 日の 3 日移動平均も同様に算出します。

$$\text{12 月 5 日の 3 日移動平均} = \frac{4,082 + 4,004 + 3,985}{3} = 4,024$$

テクニカル分析では、長短の移動平均線を組み合わせてトレンドを判定します。日足を用いて分析するときには 25 日と 75 日の移動平均線を、週足で分析するときには 13 週と 26 週の移動平均線を、月足で分析するときには 12 か月と 24 か月の移動平均線を用いることが多いようです。

	短期移動平均	長期移動平均
日足	25 日	75 日
週足	13 週	26 週
月足	12 か月	24 か月

図表 10–13　短期と長期の移動平均[*15]

[*12] n 日移動平均はその日を含む過去 n 営業日の株価の平均値である。

[*13] 日経 NEEDS Financial Quest から KDDI 株式会社の株価を取得し作成。

[*14] 式の計算結果は小数第 1 位を四捨五入して掲げた。

[*15] 日本テクニカルアナリスト協会編（2009,p.140）の表 1–5 を参照して作成。

短期移動平均線が長期移動平均線を下から上へ通過することをゴールデンクロスといい、短期移動平均線が長期移動平均線を上から下へ通過することをデッドクロスといいます。ゴールデンクロスは上昇トレンドへの転換シグナル、デッドクロスは下降トレンドへの転換シグナルとされます。

図表 10–14 は移動平均線を用いてトレンドを分析したものです。2022 年 1 月上旬、株価が 3,400 円くらいのときにゴールデンクロスが生じました。その後株価は 1,000 円値上がりし、2022 年 7 月上旬、株価が 4,400 円くらいのときにデッドクロスが生じました。デッドクロスは下降トレンドへの転換シグナルとして若干遅い感じもありますが、ゴールデンクロスで 1,000 株買い、デッドクロスで売れば $1,000$ 円 $\times$ $1,000$ 株 $=$ 100 万円 の利益が得られていました。この例では、移動平均線はトレンド転換のシグナルとして一定程度有効であったといえそうです。

図表 10–14　移動平均線[*16]

トレンドライン　トレンドラインとはチャートに線を引いてトレンドを判定する手法です。この手法で重要なのは下値支持線と上値抵抗線です。下値支持線とは上昇トレンドの下値を結ぶ線のことであり、上値抵抗線とは下降トレンドの上値を結ぶ線のことです。

図表 10–15 はトレンドラインを用いてトレンドを分析したものです。2021 年末から 2022 年夏までの上昇トレンドに引いた下値支持線は、上昇トレンドに生じる一時的な株価の下落をサポート

[*16] 日経 NEEDS Financial Quest から KDDI 株式会社の週足株価を取得し作成。実線は短期移動平均、点線は長期移動平均を表す。

しました。2022年初夏に株価がサポートを割り込むと、株価は下降トレンドへ転換しました。これは、サポートブレイクと呼ばれる、上昇トレンドから下降トレンドへの転換シグナルです。移動平均線を用いた分析よりも若干早く出た転換シグナルにしたがえば、より多くの利益が得られていました。

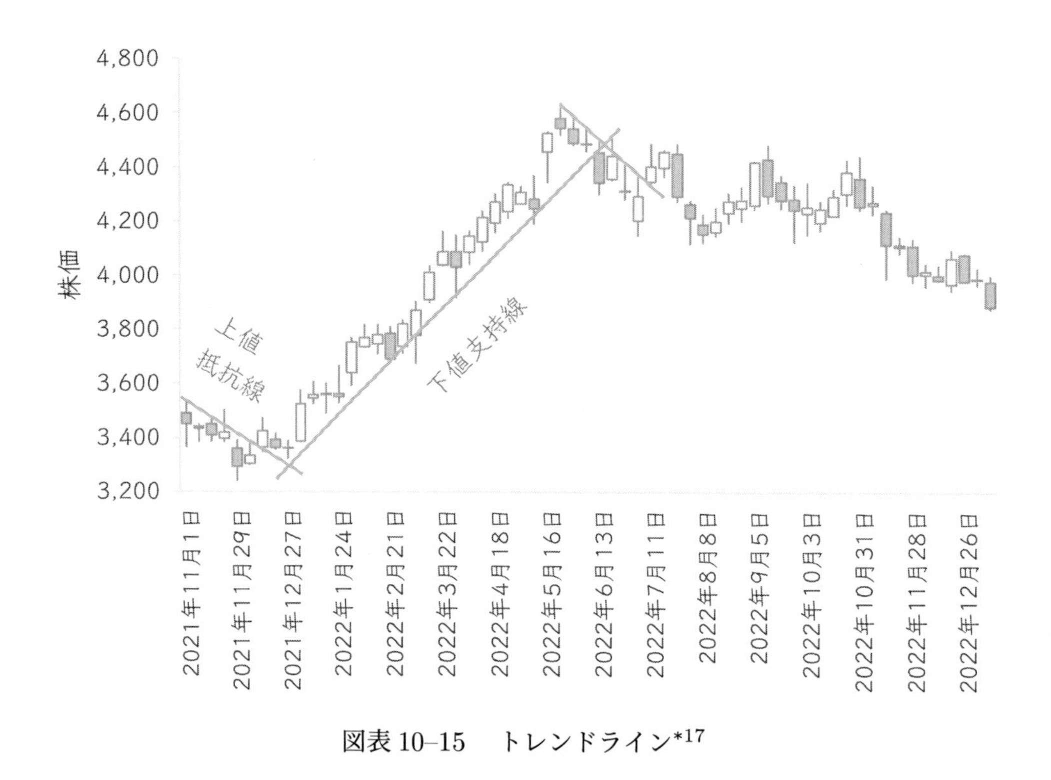

図表 10–15　トレンドライン[17]

RSI　Relative Strength Index（RSI）とは値幅からトレンドを判定する手法です。過去 n 営業日の RSI は次のように計算されます[18]。$Gains_n$ は過去 n 営業日の取引のうち株価が上昇した日の値幅の合計を、$Losses_n$ は過去 n 営業日の取引のうち株価が下落した日の値幅の合計を表します。

$$RSI_n = \frac{Gains_n}{Gains_n + Losses_n} \times 100$$

n 営業日の全てで株価が上昇したのであれば、$Losses_n$ の値は 0 となり、RSI_n は 100 となります。n 営業日の全てで株価が下落したのであれば、$Gains_n$ の値は 0 となり、RSI_n は 0 となりま

[17] 日経 NEEDS Financial Quest から KDDI 株式会社の週足株価を取得し作成。
[18] 日本テクニカルアナリスト協会編（2009,p.252）の式（1）を参照。

す。このように、RSI の値は騰落の偏りを表します。RSI の値が 70 を超えると売り時だとされ、RSI の値が 30 を下回ると買い時だとされます。

図表 10–16 は RSI を用いた買い時、売り時の判定の例です。2021 年 12 月中旬に RSI の値は 30 を下回り、買い時のシグナルが出ました。このシグナルはトレンド転換を的確に予想しました。2022 年 2 月上旬に RSI の値は 70 を上回り、売り時のシグナルが出ました。しかし、その後もトレンドは転換せず、株価は上昇しつづけました。2022 年 6 月中旬に RSI が 70 を下回ってからはボックス相場に入りました。2022 年 12 月上旬に RSI は 30 を下回りましたが、このシグナルもトレンド転換をうまく予想できず、年末まで相場は下落しつづけました。RSI は、他の手法に比べて取り扱いが難しいようです[19]。

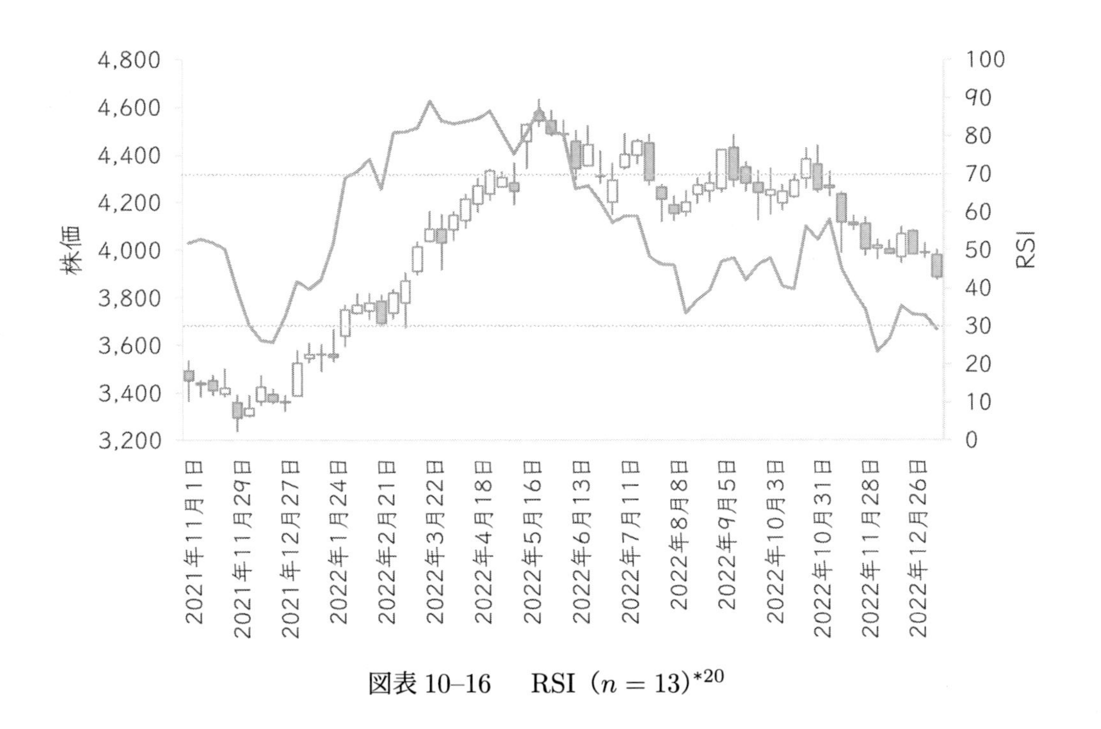

図表 10–16　RSI ($n = 13$)[20]

テクニカル分析は絶対的なシグナルではなく、一定以上の勝率を達成するための手法であることに留意しましょう。テクニカル分析にもとづくアクティブ運用をして 50 万円の利益と 30 万円の損失が出たら、差し引き 20 万円の利益を確保できます。その都度の損益に過度にこだわらず、1 か月や 1 年という比較的長い期間の損益をトータルで評価するようにしましょう。

[19] 日本テクニカルアナリスト協会編（2009,p.256）に「RSI は逆張り用のテクニカル指標として最も有効な指標の 1 つであるが、他のオシレーター系指標と同様、比較的うまく機能するのは保ち合い相場、あるいは緩やかなトレンド相場だけである」とある。

[20] 日経 NEEDS Financial Quest から KDDI 株式会社の週足株価を取得し作成。

10.3 テクニカル分析に対する学者の反応

1973年から改訂されつづけているロングセラー『ウォール街のランダム・ウォーカー』を著したMalkielは、テクニカル分析をするチャーティストと呼ばれる人を次のように描写しています。

「チャーティストの草分けの一人であるジョン・マギーは、マサチューセッツ州スプリングフィールドに小さなオフィスを構えていた。よく見ると彼のオフィスの窓は、すべて板を打ちつけてふさいであった。分析の攪乱要因になる外界の影響を排除するためである。マギーはかつて、次のように語ったことがある。「私はこの部屋に入ると、外界のことを一切忘れ、チャートに没頭できるのです。この部屋の中は、たとえ大吹雪の最中だろうが、初夏の月明かりの夜だろうが、全く同じ状態です。この部屋にいれば、単に日が照っているために『買い』だと言ったり、雨が降っているために『売り』と言ってしまったりして、顧客に損をさせることもないでしょう」」*21

「チャーティストが勧めるテクニカル戦略は必ずと言っていいほど、銘柄間の乗り換え取引を伴うものだ。こう言った取引は証券会社に、彼らの血液とも言える手数料収入をもたらす。テクニカル・アナリストは、顧客がヨットを買う手助けにはならないが、取引を作り出す上では大いに助けとなる。おかげで、証券会社の社員はヨットを買うこともできるというわけだ」*22

かなり刺激的な書きぶりですが、これがテクニカル分析に対する保守的な研究者の見解でした。近年は雪解けが進み、研究対象として認知されるようになってきています*23。市場参加者の多くがそれを用いることで、株価がテクニカル分析の示唆通りに動くことはありえます。企業の経営や国の経済に変化がないのに株価が動いたとき、テクニカル分析で用いられる何らかのシグナルが出ていないか確認することは有意義かもしれません。アルゴをまとったbotが支配する市場では、パターン探索の猛威が吹き荒れているようです*24。

---

*21 井手訳（2016,p.137）から引用。

*22 井手訳（2016,p.197）から引用。Malkiel（2003）も参照。

*23 Lo and MacKinlay（1999）、Lo et al.（2000）、Jegadeesh（2000）、Kavajecz and Odders-White（2004）等を参照。長尾監修・岡村訳（2010,p.52）に「内部情報を入手できるトレーダーのグループは大きいため、多くのアウトサイダーは、インサイダーが何をしているのかを憶測して投機活動を行う。このようなアウトサイダーは、テープを見てチャートを研究する。したがって株価がわずかでも上昇すると、インサイダーをまねて多くのアウトサイダーが買いに走るため、さらなる上昇を引き起こす。この行動は非常に論理的であり、1929年の急騰の終焉時にはそれがうまくいくことが証明された」とある。

第2章で説明したように、売買委託手数料は近年低く抑えられており、無料の証券会社もある。

*24 アルゴとはアルゴリズムのことである。NTTデータ・フィナンシャル・ソリューションズ先端金融工学センター編著（2018,p.2）に「アルゴリズム取引とは、コンピューターが自動的に、売買銘柄、売買数量、売買タイミング、売買市場等を決定し、金融商品の注文を行う取引のことである」とある。渡会・東江訳（2019）、金融庁（2023）も参照。

Reference

- 金融庁『高速取引行為の動向について』2023 年。
- 日本テクニカルアナリスト協会編『日本テクニカル分析大全』日本経済新聞出版社, 2009 年。
- NTT データ・フィナンシャル・ソリューションズ先端金融工学センター編著『アルゴリズム取引の正体』金融財政事情研究会, 2018 年。
- Lewis, Michael 著, 渡会圭子・東江一紀訳『フラッシュ・ボーイズ —10 億分の 1 秒の男たち—』文藝春秋, 2019 年。
- Malkiel, Burton Gordon 著, 井手正介訳『ウォール街のランダム・ウォーカー』日本経済新聞出版社, 2016 年。
- Murphy, John J. 著, 日本興業銀行国際資金部訳『先物市場のテクニカル分析』金融財政事情研究会, 1993 年。
- Williams Jr., John Barr 著, 長尾慎太郎監修・岡村桂訳『投資理論 —株式と債券を正しく評価する方法—』ウィザードブックシリーズ 172, パンローリング, 2010 年。
- Fama, Eugene Francis, 1965, The Behavior of Stock-Market Prices, Journal of Business, 38, 1, 34–105.
- Jegadeesh, Narasimhan, 2000, Foundations of Technical Analysis: Computational Algorithms, Statistical Inference, and Empirical Implementation: Discussion, Journal of Finance, 55, 4, 1765–1770.
- Kavajecz, Kenneth A., and Elizabeth R. Odders-White, 2004, Technical Analysis and Liquidity Provision, Review of Financial Studies, 17, 4, 1043–1071.
- Lo, Andrew W., and A. Craig MacKinlay, 1999, A Non-Random Walk Down Wall Street, Princeton University Press.
- Lo, Andrew W., Harry Mamaysky, and Jiang Wang, 2000, Foundation of Technical Analysis: Computational Algorithms, Statistical Inference, and Empirical Implementation, Journal of Finance, 55, 4, 1705–1765.
- Malkiel, Burton Gordon, 2003, The Efficient Market Hypothesis and Its Critics, Journal of Economic Perspectives, 17, 1, 59–82.

Reading List

- Allen, Helen, and Mark P. Taylor, 1990, Charts, Noise and Fundamentals in the London Foreign Exchange Market, Economic Journal, 100, 400, 49–59.
- Brown, David P., and Robert H. Jennings, 1989, On Technical Analysis, Review of Financial Studies, 2, 4, 527–551.
- Pinches, George E., 1970, The Random Walk Hypothesis and Technical Analysis, Financial Analysts Journal, 26, 2, 104–110.

11 ファンダメンタル分析

前章では過去の株価からトレンド転換を判定するテクニカル分析について学びました。本章では企業業績などをもとに取引するファンダメンタル分析について説明します。

11.1 業績の開示

上場会社は投資家に向けてさまざまな情報を提供します。そのうち特に重要なものは、法律にしたがい提出する有価証券報告書と、金融商品取引所の規則にしたがい提出する決算短信です。

資料の名前	根拠
有価証券報告書	金融商品取引法 24 条
決算短信	有価証券上場規程 404 条

図表 11–1 会社が公表する業績等の資料

有価証券報告書には、数字と文章で会社のようすが記されています。貸借対照表、損益計算書、株主資本等変動計算書、キャッシュフロー計算書などは会社のようすを数字で表します。会社の沿革、事業の内容、従業員の状況、対処すべき課題などは会社のようすを文章で表します*1。

有価証券報告書は投資判断のための重要な資料ですので、虚偽を記すと罰せられます。「売上の前倒しによる売掛金の過大計上及び売上の架空計上の不適正な会計処理を行った」*2株式会社サカ

*1 金融庁, 企業内容等の開示に関する内閣府令, 改正様式、山下・神田編（2010）の表 2–3 を参照。四半期開示については金融商品取引法 24 条の 4 の 7、会計帳簿については会社法 432 条、計算書類については会社法 435 条、決算公告については会社法 440 条、財務諸表の定義については財務諸表等の用語、様式及び作成方法に関する規則 1 条を参照。

*2 証券取引等監視委員会, 報道発表関係, 株式会社サカイホールディングスにおける有価証券報告書等の虚偽記載に係る課徴金納付命令勧告について（令和 6 年 3 月 26 日）から引用。

イホールディングスは、2024年5月16日、3000万円の課徴金を課されました[3]。

有価証券報告書はファンダメンタル分析に欠かせない資料ですが、会社の業績を網羅的に記しているため200ページほどの分量があります。内容も専門的ですので、十分な知識を持たない人がすべてを読み解くのは困難です。また、会計期間を終えてから公表されるまでに3か月を要します。

投資家はできるだけ早く会社の業績を知りたいと考えています。この要望に応えるべく、会計期間を終えてから45日以内に公表されるのが決算短信です。決算短信はサマリー情報と添付資料からなります。サマリー情報は利益、純資産、配当、キャッシュフロー、業績予想などを2ページにまとめたものです。業績の要約として最良の資料ですので、私たちはまずこれをみます。サマリー情報に注目すべき点があれば、添付されている50ページほどの資料を読みます。

決算短信に記される業績は会計監査人の監査前のものであることに注意が必要です。決算短信には「※ 決算短信は公認会計士又は監査法人の監査の対象外です」[4]などの注意書きがあります。後日、会計監査人から不適切な部分や調査を要する部分を指摘される可能性があることを理解した上で利用しましょう。

11.2　継続企業の前提

継続企業の前提とは、事業を営むために集めたり借りたりした資金を活用したり返したりしながら、企業は事業をつづけてゆくという前提です。株式を長期間保有しようとする投資家は、株式を発行した会社がこの前提を満たしているか、投資する前に確認しなければなりません。

会社が継続企業の前提を満たしているかは会計監査人が調査します[5]。会社に図表11–2のような状況が生じていて、前提を満たしていないと考えられるとき、有価証券報告書と決算短信に「継続企業の前提に関する注記」が記されます。決算短信に注記がある場合には、監査終了後速やかに注記が公表されます。

競合他社との競争に押されて売り上げが急に減ったり、法律や制度が変わってこれまで営んでいた事業を自由に営めなくなったり、内紛が起きて経営陣の多くが退社したり、不祥事が発覚して顧客離れが急速に進んだりしたときに継続企業の前提が揺らぎます。

---

[3] 金融庁, 報道発表資料,（株）サカイホールディングスにおける有価証券報告書等の虚偽記載に対する課徴金納付命令の決定について（令和6年5月16日）、株式会社サカイホールディングス, 金融庁による課徴金納付命令の決定についてのお知らせ（2024年5月16日）を参照。

[4] 株式会社東京証券取引所（2024,p.23,p.31）から参考様式抜粋を引用。

[5] 東京証券取引所, 有価証券上場規程437条、会社法327条と328条を参照。

財務指標	売り上げの著しい減少 債務超過
財務活動	借入金、社債等の返済困難性 売却予定資産の処分困難性
営業活動	取引先からの取引継続拒絶 不可欠な人材の流出 法令に基づく事業の制約
その他	損害賠償金支払いの可能性 ブランドイメージの悪化

図表 11–2　継続企業の前提に重要な疑義を生じさせる事象や状況*6

継続企業の前提に疑義が呈された会社のうち、売上高などの上場基準を満たせなくなる恐れがある会社や不適切な会計処理をした疑いのある会社は、監理銘柄に指定されます。取引所から与えられた猶予期間のうちに問題が解消されなければ上場廃止が決まります。上場廃止が決まると整理銘柄に指定され、1 か月後に上場が廃止されます。上場が廃止されると株式を売ることが難しくなります。整理銘柄には投資しないようにしましょう*7。

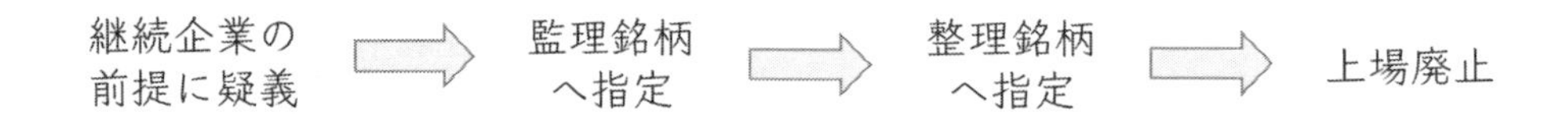

図表 11–3　上場廃止*8

監査法人が突然変わったり、取締役が不定期に異動したり、有価証券報告書の提出が遅れたりするのは、経営が順調でないことを示すシグナルです。ファンダメンタル分析をしていると、会社に愛着が出て株式を手放しにくくなりますが、シグナルを冷静に見極めて速やかに行動すべきです。

*6 日本会計士協会（2009）を参照して作成。財務諸表等の監査証明に関する内閣府令 3 条、会社計算規則 98 条から 100 条、企業会計基準第 1 号、東京証券取引所, 有価証券上場規程 402 条も参照。

*7 東京証券取引所が指定した監理銘柄と整理銘柄については、日本取引所グループ, 上場会社情報, 監理・整理・改善期間等・猶予期間を参照。

*8 東京証券取引所, 有価証券上場規程 610 条と 611 条、日本取引所, 監理銘柄及び整理銘柄に関する規則を参照して作成。買収されて子会社となったり、ファンド・経営陣・従業員が株式を買い取る LBO・MBO・EBO を実施する会社も上場廃止となることがある。

11.3 純利益

図表 11–4 は会社の売上が利害関係者に分配されるようすを表しています。仕入れた商品を消費者に売る小売業を例に説明します。売上は、商品の仕入代金を仕入業者へ払うためにつかわれます。仕入代金支払い後に残る金額を売上総利益といいます。売上総利益の一部は、販売に貢献した従業員の給与に充てられます。給与支払い後に残る金額を営業利益といいます。営業利益の一部は、借入金の利息を払うためにつかわれます。利払い後に残った金額を税引前当期純利益といいます。税引前当期純利益がプラスであるときには、法人税を払う必要があります。税引前当期純利益から法人税を払った後に残る金額を当期純利益といいます。株主に帰属するのは、この当期純利益です。

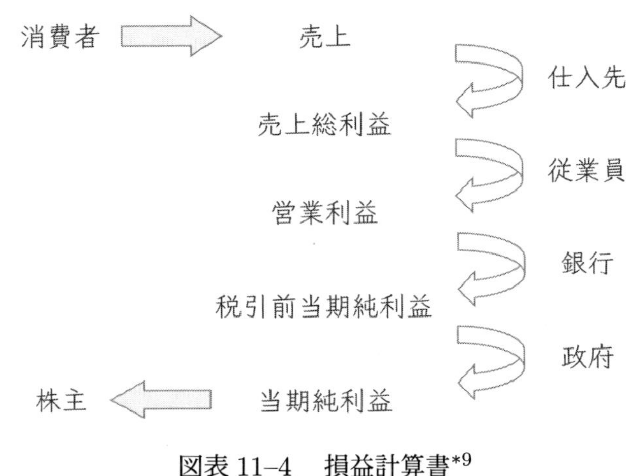

図表 11–4　損益計算書[*9]

毎期の当期純利益は利益剰余金として会社に貯め置かれ、その一部が配当として株主に払い出されます。利益剰余金の積み上がりと配当の支払いは株主資本等変動計算書に記されます。図表 11–5 のように、前期末の利益剰余金が 1,000 億円であったとしましょう。配当額が 50 億円、当期純利益が 100 億円であれば、当期末の利益剰余金は 1,000 億円－ 50 億円＋ 100 億円＝ 1,050 億円となります。

蓄積された利益剰余金は会社に再投資され、来期以降の利益を生み出すのに用いられます。来期以降の利益の一部は配当として株主に還元されます。したがって、株主が最も注目すべき財務データは未来の配当を生み出す当期純利益です。

[*9] 会社計算規則 87 条から 94 条を参照して作成。実際の損益計算書は図表より複雑なことに留意する。

前期末の利益剰余金	1,000億円
剰余金の配当	50億円
当期純利益	100億円
当期末の利益剰余金	1,050億円

図表 11–5　株主資本等変動計算書[*10]

会社が当期純利益を生み出す効率は、投下された株主資本に対する当期純利益の比率で測ります。この比率を株主資本利益率（ROE）といいます。ROE は次式から算出されます。

$$ROE = \frac{\text{普通株式に係る当期純利益}}{\text{株主資本の期中平均}}$$

米国の財閥企業 DuPont は、下式のように ROE を 3 つの要因に分解して経営分析に用いました[*11]。

$$ROE = \underbrace{\frac{\text{当期純利益}}{\text{売上高}}}_{\text{マージン率}} \times \underbrace{\frac{\text{売上高}}{\text{総資産}}}_{\text{資産回転率}} \times \underbrace{\frac{\text{総資産}}{\text{株主資本}}}_{\text{レバレッジ}}$$

第 1 要素は売上高に対する当期純利益の比率です。これを売上高当期純利益率といいます。売上高当期純利益率はマージン率ともいわれます。図表 11–6 はマージン率を説明するためのものです。会社 A は 6 億円の費用をかけて 2 億円の利益を得ました。会社 B は同額の費用をかけて 4 億円の利益を得ました。会社 A のマージン率は 25%、会社 B のマージン率は 40% です。

マージン率が高い会社は他社より優れたブランド、ノウハウ、特許などを持つことが多いです。消費者から「この会社の商品は他社より少し高いが品質はよい」と評価されていれば、価格競争にまきこまれず高いマージンを維持することができます。高いマージンを維持する商品力の高い会社は投資する価値のある会社です。

*10 会社計算規則 96 条を参照して説明に必要な部分のみ図表にした。

*11 この分析手法を DuPont Analysis という。式については R&I 格付投資情報センター編集部編（2016,p.63）の図表 2–2 を参照。3 要素の値は連動している。たとえば、売上高が増えると第 1 要素は低下し、第 2 要素は上昇する。各要素の数値を独立にみるより、日常業務と関連づけて理解することが建設的である。

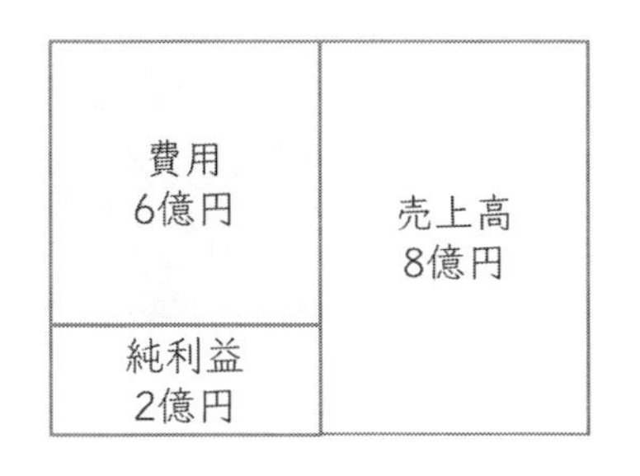

費用
6億円
純利益
4億円
売上高
10億円

A：マージン率低　　B：マージン率高

図表 11–6　マージン率

第 2 要素は総資産に対する売上高の比率です。これを資産回転率といいます。図表 11–7 は資産回転率を説明するためのものです。資産回転率は資産の大半が在庫である卸売業を想定すると理解しやすいです。会社 C は会計期間に平均 10 億円の在庫を保有して 20 億円を売り上げました。在庫を 2 回売り切った計算になりますので、資産回転率は 2 です。会社 D は会計期間中、同額の在庫を保有して 30 億円を売り上げました。在庫を 3 回売り切った計算になりますので、資産回転率は 3 です。

資産回転率の高い会社は他社より優れた販売網を持つことが多いです。また、資産回転率を引き下げる不動在庫、稼働率の低い工場、大きすぎる管理部門などを持たないことが多いです。販売力が強く、筋肉質の財務を確立している会社は投資する価値のある会社です。

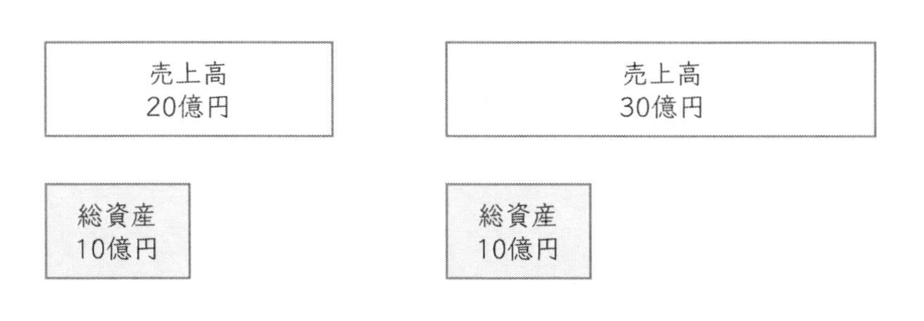

C：回転率低　　D：回転率高

図表 11–7　資産回転率

第 3 要素は純資産に対する総資産の比率です。これをレバレッジといいます。レバレッジのレバーとは、小さな力で重いものを動かすテコのことです。金融の文脈でテコとは、少額の純資産で大きなビジネスを運営することを意味します。図表 11–8 の会社 E は 100 億円のビジネスを 60 億円の純資産で運営しています。会社 F は同規模のビジネスを 30 億円の純資産で運営しています。

会社 F は会社 E の半分の「もとで」で同規模のビジネスを運営していることから、レバレッジが高い会社と評価されます。

レバレッジが高い会社は、生み出された利益を分け合う株数が少ないので、ビジネスが成功したときに得られる 1 株あたりの利益が多くなります。利払いが滞りなくできる範囲で借り入れを活用している会社に投資しましょう。

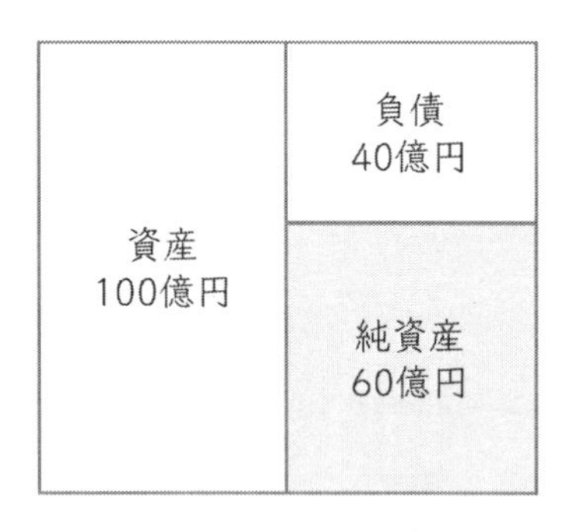

図表 11–8　財務レバレッジ

ROE を投資に活用するとき、ROE の変化が株価とどれほど連動しているかと、ROE の予想が当たるかの 2 点が問題になります。図表 11–9 は ROE と株価の動きを表したものです。

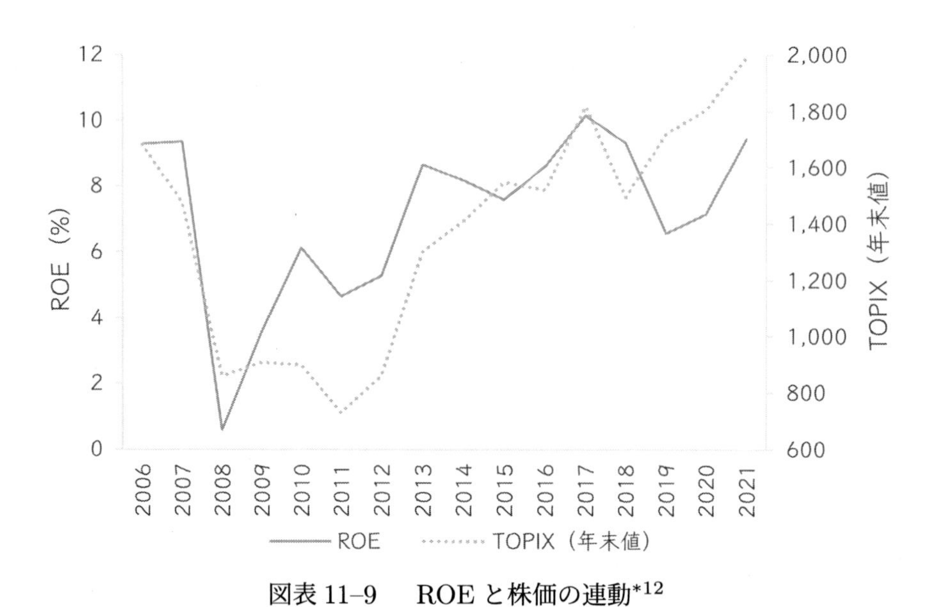

図表 11–9　ROE と株価の連動[*12]

[*12] 日本取引所, 決算短信集計結果、日本取引所,TOPIX（東証株価指数）からデータを取得し作成。2022 年度から東京証券取引所の上場区分が変更され、これにともない TOPIX の算出方法も改められた。データの継続性が維持され

図表をみると ROE が高い年に株価指数は高く、低い年に株価指数は低い傾向にあることがわかります。株価と連動して動く ROE を予想することには意味がありそうです。ROE は、今後 3 年から 5 年の見通しが示される会社の中期経営計画などの資料をもとに予想しますが、会社が属する業界の盛衰や国内外の経済情勢も ROE に影響を与えますので、予想を的中させるのは容易でありません。それだけに、「これから伸びる」と考えて投資した会社の株価が上がるのをみるのは大変嬉しいことです。

11.4 その他の要因

会社の業績のほかにも株価に影響を与える事柄は多くあります。ここでは、増資による株主の権利の希薄化とインデックスへの加除について考えます。

会社が増資をすると株数が増え、これまでの株主の権利は薄まります。図表 11–10 のように、発行済株式総数の 25% にあたる株数を会社が発行し、そのすべてを投資家 E が購入したとしましょう。新株発行後、既存株主 A、B、C、D の持ち株比率は 25% から 20% へ下がります。持ち株比率が 5%pt も下がると、株主総会での発言力は目立って低下します。発言力が落ちることを好まない株主は株式を売るので、増資が発表されると株価が下がることがあります。

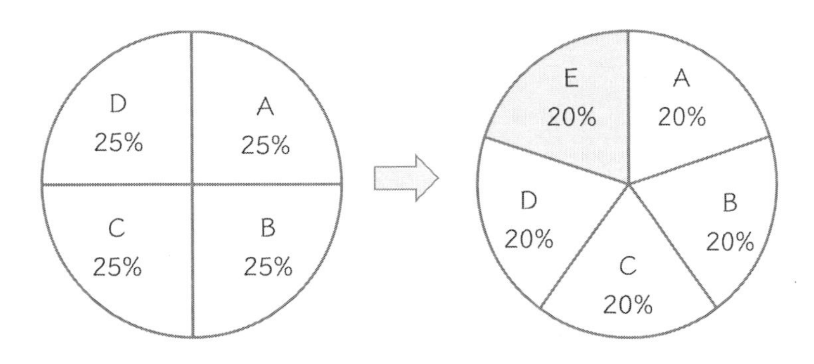

図表 11–10　増資による希薄化

インデックスへの加除も株価に影響を与えます。リスク回避的な投資家の多くはインデックスに投資しますので、インデックスに加えられる株式は自動的に買われ、インデックスから除外される株式は自動的に売られます。ここでは、日経平均を例にインデックスの加除が株価に与える影響をみます。

ないため、2021 年度までのデータを掲げた。

2023年9月4日に日経平均構成銘柄の入れ替えが発表されました[13]。10月2日から新たにレーザーテックを加え、日本板硝子を除外することになりました。図表11–11は、公表日前後の2社の株価を表しています。加除情報の公開後、追加が公表されたレーザーテックの株価は緩やかに上昇し、除外される日本板硝子の株価は上げ止まり停滞しました。加除が実施された10月2日以降は、レーザーテックの株価は22,000円から27,000円まで上昇し、日本板硝子の株価は800円近辺から650円まで下落しました。インデックスへの加除は、株価に影響を与えるようです。

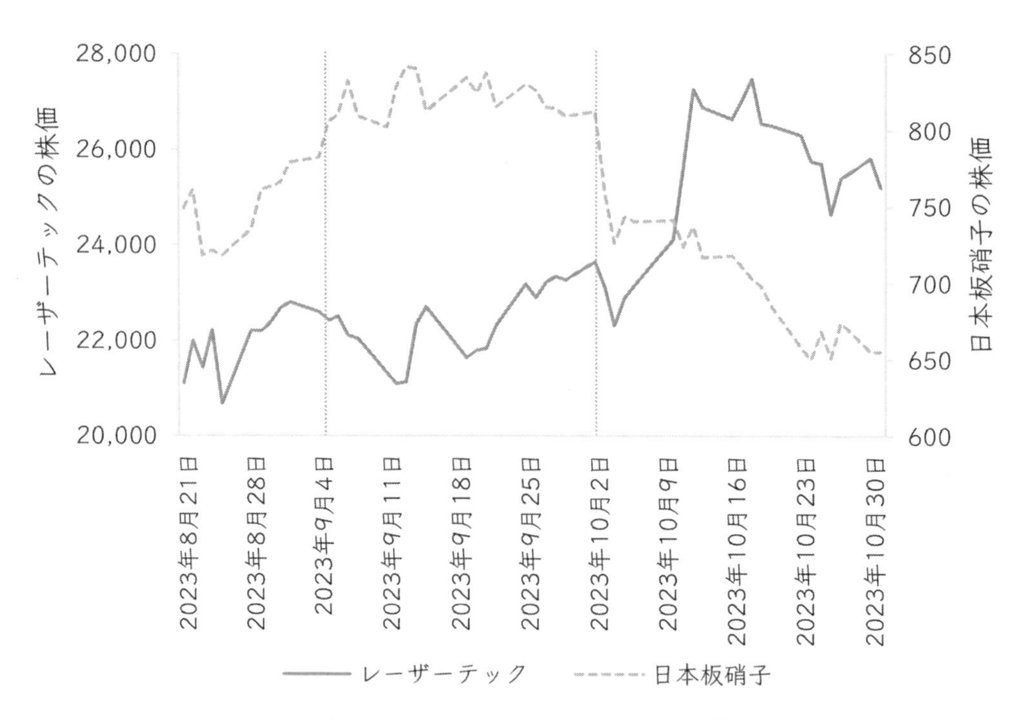

図表11–11　インデックスへの加除[14]

ファンダメンタル分析をするとき考慮に入れるべき情報は、このほかにも金融政策、財政政策、為替レート、GDP成長率、失業率、物価上昇率、地政学的リスクなどたくさんあります[15]。投資をこれから始めようとする人にはかなり負担の重い分析手法です。マゼランファンドを運営していたピーター・リンチやバークシャー・ハサウェイを運営しているウォーレン・バフェットのような人たちは、やはり天賦の才があったのだと思います。

[13] 日本取引所グループ, マーケットニュース, 日経平均株価の構成銘柄の一部入替え（2023年9月4日）を参照。

[14] 日経NEEDS Financial Questから2社の株価を取得し作成。Takahashi and Xu（2016）を参照。

[15] 川崎訳（1975,p.95）に「自分ではもっぱら理性によって導かれていると信ずるが、実際には、彼が無意識のうちに、ある程度まで毎日のニュースから受け取る何千もの断片的な印象の束に従っているのであるということに気づかない」とある。

補論　ROE と資本コスト

本文で ROE と株価は連動することをみました。ただし、ROE を無闇に高めることは投資家に必ずしも歓迎されないことに留意すべきです。図表 11–12 は、このことを示すためのものです。ROE を高めても、その結果としてこの会社が発行する株式のリスクとリターンが無差別曲線上を点 A から点 B へ移るだけなのであれば、投資家にとっての望ましさは変わりません。リスクとリターンの関係が点 A から点 C へ、より高い無差別曲線上の点に移るときにだけ、ROE 向上は投資家の意向にそうものになります。

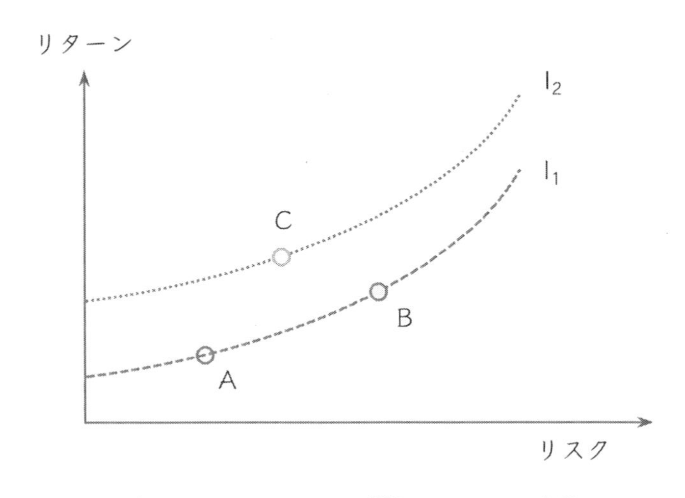

図表 11–12　ROE と「望ましさ」の改善

図表 11–13 は、ある会社が経営努力をして ROE を 5% から 10% に高めたことを表しています。ROE を高めるのは素晴らしいことです。しかし、ROE を高めるためにリスクの高いビジネスに乗り出したり、財務レバレッジを異様に高めたりしたのであれば、リスク回避的な投資家はこの会社により高い利益率を要求することになります。もし、投資家が ROE 改善前に 3%、改善後に 15% の利回りを要求するのであれば、この会社の株式の魅力は低下します。ROE の改善は、生じるリスクの変化をふまえて評価すべきです。

	ROE 向上前	ROE 向上後
ROE	5%	10%
投資家の要求利回り	3%	15%

図表 11–13　リスクと ROE

Reference

- 株式会社東京証券取引所『決算短信・四半期決算短信作成要領等』2024 年。
- 日本会計士協会『継続企業の前提に関する開示について』監査・保証実務委員会報告第 74 号, 2009 年。
- 山下友信・神田秀樹編『金融商品取引法概説』有斐閣, 2010 年。
- R&I 格付投資情報センター編集部編『点検ガバナンス大改革 —年金・機関投資家が問う、ニッポンの企業価値—』日本経済新聞出版社, 2016 年。
- Pareto, Vilfredo Frederico Damaso 著, 川崎嘉元訳『エリートの周流』垣内出版, 1975 年。
- Takahashi, Hidetomo, and Peng Xu, 2016, Trading Activities of Short-sellers around Index Deletions: Evidence from the Nikkei 225, Journal of Financial Markets, 27, 132–146.

Reading List

- あらた監査法人編『会社法計算書類の実務 —作成・開示の総合解説—』第 7 版, 中央経済社, 2015 年。
- 門脇徹雄・ベンチャーファイナンス研究会編著『事例検証 上場ベンチャー企業の粉飾・不公正ファイナンス —上場廃止事例に学ぶ』中央経済社, 2011 年。
- 経済産業省『「持続的成長への競争力とインセンティブ〜企業と投資家の望ましい関係構築〜」プロジェクト「最終報告書」』, 2014 年。
- 手島直樹『ROE が奪う競争力 —「ファイナンス理論」の誤解が経営を壊す—』日本経済新聞出版社, 2015 年。
- Brigham, Eugene F., and Joel F. Houston, 2009, Fundamentals of Financial Management, 12th ed., South-Western College Pub.
- Conine, Jr., Thomas E., 1980, Corporate Debt and Corporate Taxes: An Extension, Journal of Finance, 35, 4, 1033–1037.
- Hamada, Robert S., 1969, Portfolio Analysis, Market Equilibrium and Corporation Finance, Journal of Finance, 24, 1, 13–31.
- Hamada, Robert S., 1972, The Effect of the Firm's Capital Structure on the Systematic Risk of Common Stocks, 27, 2, 435–452.
- MacKinlay, A. Craig, 1997, Event Studies in Economics and Finance, Journal of Economic Literature, 35, 1, 13–39.
- Malkiel, Burton Gordon, 1995, Returns from Investing in Equity Mutual Funds 1971 to 1991, Journal of Finance, 50, 2, 549–572.
- Rubinstein, Mark Edward, 1973, A Mean-Variance Synthesis of Corporate Financial Theory, Journal of Finance, 28, 1, 167–181.
- Treynor, Jack Lawrence, and Fischer Black, 1973, How to Use Security Analysis to Improve Portfolio Selection, Journal of Business, 46, 1, 66–86.

12 証券市場線

第 10 章と第 11 章でアクティブ運用について学びました。多くの手間と費用がかかるアクティブ運用が第 9 章で学んだパッシブ運用より有利になるのはどのような場合でしょうか。本章では、それを判定する投資のものさしについて学びます。

12.1 投資のものさし

ノーベル経済学賞を受賞した Miller と Modigliani は、1958 年に「投資のものさしは未だ見つかっていない」[*1]と記しています。その後、投資のものさしを追い求める多くの研究が発表されました。そのうち、Sharpe（1964）、Lintner（1965）、Black（1972）という 3 人の論文は注目を集め、後に Sharpe-Lintner-Black モデルといわれるようになりました。ここではノーベル経済学賞を受賞した Sharpe の論文を参照して、投資のものさしについて説明します[*2]。

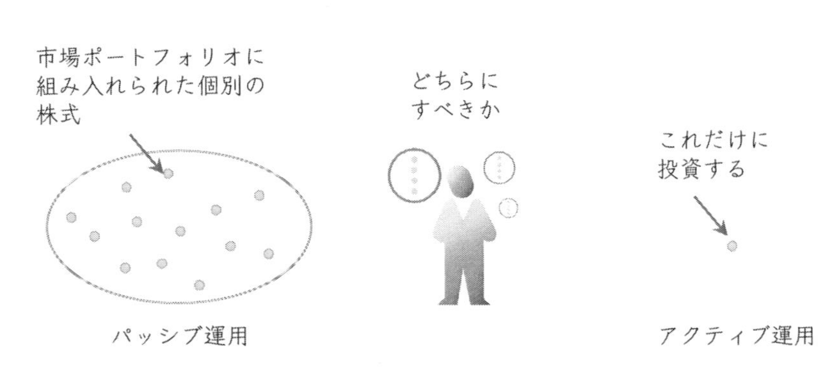

図表 12–1　パッシブかアクティブか

[*1] Modigliani and Miller（1958,p.262）から引用（訳文は筆者）。Modigliani は 1985 年に、Miller は Markowitz、Sharpe とともに 1990 年にノーベル賞を受賞した。Lintner（1965,p.13）の脚注 2、Neisser（1941,p.198）、Hirshleifer（1964,p.80）も参照。

[*2] 導出の詳細は Sharpe（1964,pp.436–442）を参照。

Sharpe は、ある株式をアクティブ運用することが有利になるのは、その株式を市場ポートフォリオに組み入れる株式の 1 つとして保有するときに得られるリスクとリターンの関係を超えるときだけだと考えました。この考えのもとでは、市場ポートフォリオに組み入れられた株式のリスクとリターンの関係は投資のものさしになります[*3]。

投資のものさしを導き出すために、市場ポートフォリオに組み入れられる 1 つの株式 j と市場ポートフォリオとのポートフォリオを想定します。株式 j の期待利益率と標準偏差をそれぞれ ER_j、σ_j とおき、市場ポートフォリオの期待利益率と標準偏差をそれぞれ ER_M、σ_M とおきます。

	株式 j	市場ポートフォリオ
期待利益率	ER_j	ER_M
標準偏差	σ_j	σ_M
投資比率	w	$1-w$

図表 12–2　ポートフォリオの基本情報

投資資金のうち比率 w を株式 j に、比率 $1-w$ を市場ポートフォリオに投じて組成するポートフォリオの期待利益率 ER_{port} と標準偏差 σ_{port} は

$$ER_{port} = wER_j + (1-w)ER_M$$

$$\sigma_{port} = \sqrt{w^2\sigma_j^2 + (1-w)^2\sigma_M^2 + 2w(1-w)cov_{jM}}$$

図表 12–3 は第 8 章で学んだ市場ポートフォリオの効率的フロンティア（EF_M）、第 9 章で学んだ資本市場線（CML）とともに、ここで考えるポートフォリオの効率的フロンティア（EF_{port}）を表しています。注目すべきは、資本市場線とここで考えるポートフォリオの効率的フロンティアは 1 点で接しており、接点で傾きが等しいことです。これは、$w=0$ のとき、ここで考えているポートフォリオが市場ポートフォリオと一致することから確かめられます。

*3 この点については第 13 章で詳述する。

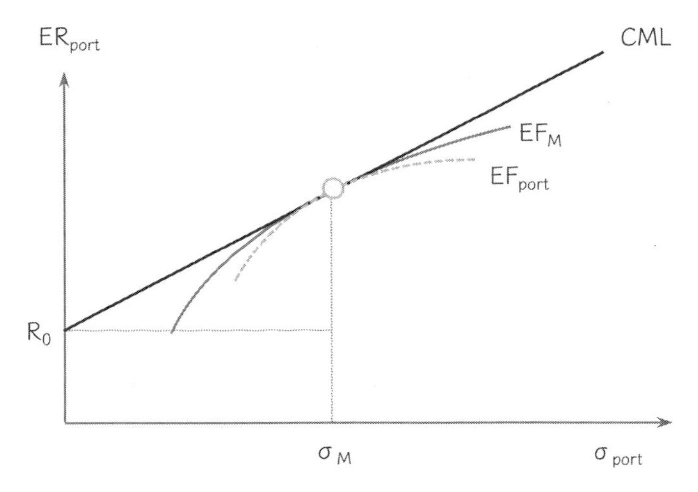

図表 12–3　資本市場線と効率的フロティア[*4]

12.2　証券市場線

図表 12–3 は、ポートフォリオの効率的フロンティアが資本市場線と 1 点で接することを示しています。このことを式で表すと[*5]

$$\frac{dER_{port}}{d\sigma_{port}}_{|w=0} = \frac{ER_M - R_0}{\sigma_M}$$

左辺はここで考えているポートフォリオの効率的フロンティアの傾きを、右辺は資本市場線の傾きを表しています。両者の傾きは $w = 0$ のとき等しくなります。投資のものさしは、この関係式を満たすように決まります。左辺の条件付き微分を直接計算するのはとても難しいので、連鎖律を用いて 2 つの要素に分割します。

$$\frac{dER_{port}}{d\sigma_{port}}_{|w=0} = \frac{dER_{port}}{dw}\frac{dw}{d\sigma_{port}}_{|w=0}$$

右辺の第 1 要素はここで考えているポートフォリオの期待利益率を w で微分した値です。第 2 要素はポートフォリオの標準偏差を w で微分した値の逆数です。これらを別々に計算して掛けると左辺の値が得られます。

---

*4 Sharpe（1964,p.437）の Figure 7、Fama（1968,p.31）の Figure 1 を参照して作成。

*5 左辺の下添え字 $|w = 0$ は、微分の結果に $w = 0$ を代入したときの値であることを示している。

まず第 1 要素を計算します。ポートフォリオの期待利益率の式は

$$ER_{port} = wER_j + (1 - w)ER_M$$

この式は w の 1 次関数ですので、微分は難しくありません。

$$\frac{dER_{port}}{dw} = ER_j - ER_M$$

つづいて第 2 要素を計算します。ポートフォリオの標準偏差の式は

$$\sigma_{port} = \sqrt{w^2\sigma_j^2 + (1 - w)^2\sigma_M^2 + 2w(1 - w)cov_{jM}}$$

この式を w の関数とみなして微分します。ルートの中に変数がある関数を微分するのに多くの人は慣れていないと思いますので、できるかぎりていねいに説明します。まず、見通しをよくするために、ルートの中にある項を $f(w)$ とおきます。

$$f(w) = w^2\sigma_j^2 + (1 - w)^2\sigma_M^2 + 2w(1 - w)cov_{jM}$$

図表 12–4 は σ_{port} の式の構造を示しています。w の値が変わるとルートの中の式 $f(w)$ の値が変わります。そして、$f(w)$ の値が変わるとそれにルートを付けた $\sqrt{f(w)}$ の値も変わります。このような特徴を持つ関数を合成関数といいます。

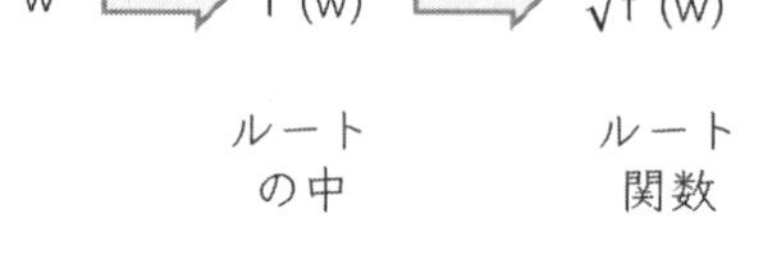

w ⇒ f (w) ⇒ √f (w)

ルート の中　　ルート 関数

図表 12–4　合成関数

合成関数の微分は、下式のように図表 12–4 の矢印を逆にたどって計算します。右辺の第 1 要素は $\sqrt{f(w)}$ を $f(w)$ で微分したもの、第 2 要素は $f(w)$ を w で微分したものです。

$$\frac{d\sigma_{port}}{dw} = \frac{d\sqrt{f(w)}}{dw} = \frac{d\sqrt{f(w)}}{df(w)}\frac{df(w)}{dw}$$

まず第 1 要素を計算します。補論 1 に示すように、ルートを指数表記すると 1/2 乗になります。

$$\sqrt{f(w)} = f(w)^{\frac{1}{2}}$$

補論 2 を参照してこれを微分すると

$$\frac{d\sqrt{f(w)}}{df(w)} = \frac{df(w)^{\frac{1}{2}}}{df(w)} = \frac{1}{2}f(w)^{\frac{1}{2}-1} = \frac{1}{2}\frac{1}{f(w)^{\frac{1}{2}}} = \frac{1}{2}\frac{1}{\sqrt{f(w)}}$$

分母にある $\sqrt{f(w)}$ は σ_{port} ですのでおきかえます。

$$\frac{d\sqrt{f(w)}}{df(w)} = \frac{1}{2}\frac{1}{\sqrt{f(w)}} = \frac{1}{2\sigma_{port}}$$

つづいて第 2 要素を計算します。微分しやすくするために $(1-w)^2$ と $2w(1-w)$ を展開します。

$$\begin{aligned} f(w) &= w^2\sigma_j^2 + (1-w)^2\sigma_M^2 + 2w(1-w)cov_{jM} \\ &= w^2\sigma_j^2 + (1+w^2-2w)\sigma_M^2 + (2w-2w^2)cov_{jM} \end{aligned}$$

$f(w)$ を w で微分すると

$$\frac{df(w)}{dw} = 2w\sigma_j^2 + (2w-2)\sigma_M^2 + (2-4w)cov_{jM}$$

この微分には $w=0$ という条件が付いています。条件を代入すると

$$\frac{df(w)}{dw}_{|w=0} = -2\sigma_M^2 + 2cov_{jM}$$

2 つの微分の結果を連鎖律の式に代入し、少し整理すると

$$\begin{aligned} \frac{d\sigma_{port}}{dw}_{|w=0} &= \frac{d\sqrt{f(w)}}{df(w)}\frac{df(w)}{dw} \\ &= \frac{1}{2\sigma_{port}}(-2\sigma_M^2 + 2cov_{jM}) \\ &= \frac{-\sigma_M^2 + cov_{jM}}{\sigma_{port}} \end{aligned}$$

$w = 0$ のとき、ここで考えているポートフォリオは市場ポートフォリオになります。つまり、ポートフォリオの標準偏差は $\sigma_{port} = \sigma_M$ となります。これを代入すると

$$\frac{d\sigma_{port}}{dw}_{|w=0} = \frac{-\sigma_M^2 + cov_{jM}}{\sigma_M}$$

これで第 1 要素と第 2 要素の計算が終わりました。得られた計算結果を式

$$\frac{dER_{port}}{d\sigma_{port}}_{|w=0} = \frac{ER_M - R_0}{\sigma_M}$$

の左辺に代入します。$\frac{dw}{d\sigma_{port}}$ に $\frac{-\sigma_M^2 + cov_{jM}}{\sigma_M}$ の逆数を代入することに注意しましょう。

$$(ER_j - ER_M)\frac{\sigma_M}{-\sigma_M^2 + cov_{jM}} = \frac{ER_M - R_0}{\sigma_M}$$

左辺の $\frac{\sigma_M}{-\sigma_M^2 + cov_{jM}}$ を右辺に移項すると

$$ER_j - ER_M = \frac{-\sigma_M^2 + cov_{jM}}{\sigma_M}\frac{ER_M - R_0}{\sigma_M}$$

右辺の分母と分子を少し整理すると

$$ER_j - ER_M = (ER_M - R_0)\frac{-\sigma_M^2 + cov_{jM}}{\sigma_M^2}$$

右辺の分数は $-1 + \frac{cov_{jM}}{\sigma_M^2}$ に変形できることに注目して

$$\begin{aligned} ER_j - ER_M &= (ER_M - R_0)\left(-1 + \frac{cov_{jM}}{\sigma_M^2}\right) \\ &= -(ER_M - R_0) + (ER_M - R_0)\frac{cov_{jM}}{\sigma_M^2} \end{aligned}$$

両辺にある $-ER_M$ は消せることから

$$ER_j = R_0 + (ER_M - R_0)\frac{cov_{jM}}{\sigma_M^2}$$

$\beta_j \equiv cov_{jM}/\sigma_M^2$ とおいて

$$ER_j = R_0 + \beta_j(ER_M - R_0)$$

この式のグラフを描くと、図表 12–5 のように、切片 R_0、傾き $(ER_M - R_0)$ の直線になります。それで、この式を証券市場線（SML）といいます。このグラフは図表 9–3 の資本市場線（CML）とよく似ていますが、リスクを表す横軸は標準偏差ではなく β_j であることに注意が必要です。

リスクの指標が標準偏差ではなく β_j であるのは、第 8 章で学んだように、市場ポートフォリオに組み入れられる証券の 1 つとして株式 j を保有するとき、株式 j の個別リスクは完全に除去されるためです。株式 j のリスクとして残るのは、β_j の式の分子にみられるように、株式 j と市場ポートフォリオがどれほど共に動くかを示す共分散 cov_{jM} だけです。

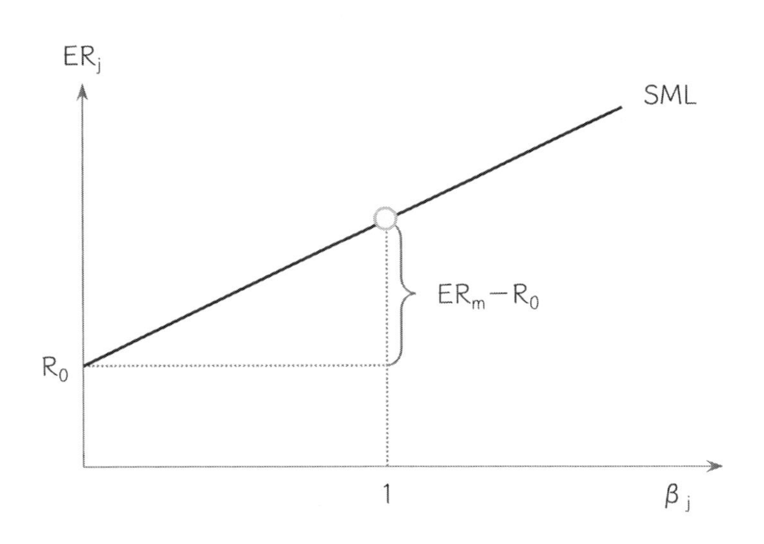

図表 12–5　証券市場線（SML）[*6]

株式市場は消せるリスクを負担する見返りを与えてくれるほど優しい世界ではありません。あらゆる手を尽くしてリスクを減らした後に残るリスクにだけ、見返りを与えてくれます。証券市場線（SML）は、市場ポートフォリオを組成して消せるリスクをすべて消した後に残るリスクに対する見返りを表しています。アクティブ運用が有利になるのは、このようにシビアに設定されたリスクとリターンの関係を超えるローリスク・ハイリターンが実現するときだけです。

株式 j のリスク＝消せるリスク＋消せないリスク

（消せないリスク：これにだけ報酬が与えられる）

[*6] Sharpe（1964,p.440）の Figure 9 を参照して作成。証券市場線は英語で Security Market Line と表記する。

補論1　べき数によるルートと分数の表記[*7]

指数 x^n の x を底、n をべき数といいます。x^n は x を n 回かけることを表します。

$$x^n = \underbrace{x \times x \times \cdots \times x}_{n \text{ 個の } x}$$

本文で用いたように、ルートは 1/2 乗で、分数は −1 乗で表されることを説明します。ルートは 2 乗するとルート記号の中の数になります。たとえば、$\sqrt{3}$ を 2 乗すると 3 になります。

$$(\sqrt{3})^2 = 3$$

左辺の $\sqrt{3}$ を指数 3^a で表し代入すると

$$(3^a)^2 = 3$$

左辺の $(3^a)^2$ は、3 を a 回掛けることを 2 回繰り返すので、3 を $2a$ 回かけることと同じです。よって

$$(3^a)^2 = 3^{2a}$$

これを先ほどの式に代入すると

$$3^{2a} = 3$$

3 は 3 の 1 乗と表記できるので

$$3^{2a} = 3^1$$

等式の両辺で指数の底が同じとき、べき数どうしも等号で結べるので[*8]

$$2a = 1$$
$$a = \frac{1}{2}$$

ルートは 1/2 乗と表記できることがわかりました。この結果を用いて式を書くと

$$\sqrt{3} = 3^{\frac{1}{2}}$$

[*7] 補論の 1 と 2 は厳密性ではなく説明の便宜を重視する。

[*8] 辺々自然対数をとると $2a \times \ln 3 = 1 \times \ln 3$ となることから、$2a = 1$ が成り立つことが確かめられる。

つづいて、分数が -1 乗で表されることを説明します。x^{-1} の値を b とおきます。

$$x^{-1} = b$$

両辺に x^2 をかけると

$$x^2 x^{-1} = x^2 b$$

-1 乗は底をかける回数を 1 回減らすことを意味します。よって、$x^2 x^{-1}$ は下のように x を 2 回かけた後、かける回数を 1 回減らして計算します。計算結果は x になります。

$$x^2 x^{-1} \to \underbrace{x \times \overbrace{x}^{-1\text{ 乗}}}_{2\text{ 乗}} \to x$$

$x^2 x^{-1} = x$ を $x^2 x^{-1} = x^2 b$ の左辺に代入すると

$$x = x^2 b$$

b について解くと

$$b = \frac{1}{x}$$

この結果を $x^{-1} = b$ に代入すると

$$x^{-1} = \frac{1}{x}$$

分数は -1 乗と表記できることが確かめられました。

補論 2　ルート関数の微分

下式を例に、ルート関数を微分することを考えます（x は正の実数とします）。

$$g(x) = \sqrt{x^2 + 1}$$

この式を微分して得られる 1 階の導関数は、x が微かに動いたとき $g(x)$ がどれほど動くかを表します。式を微分しやすくするために、ルートを指数表記します。

$$g(x) = (x^2 + 1)^{\frac{1}{2}}$$

関数の微分は 3 ステップで行います。まず、関数の肩に乗ったべき数を降ろします。べき数は 1/2 ですので、1/2 を降ろします。

$$\frac{dg(x)}{dx} \to \frac{1}{2} \times (x^2 + 1)^{\frac{1}{2}}$$

つづいて、肩に乗った重荷を 1 度降ろしたことを記します。

$$\frac{dg(x)}{dx} \to \frac{1}{2} \times (x^2 + 1)^{\frac{1}{2} - 1}$$

さいごに、ルートの中にある $x^2 + 1$ を微分した結果を掛け合わせます。

$$\frac{dg(x)}{dx} = \frac{1}{2} \times (x^2 + 1)^{\frac{1}{2}-1} \frac{d(x^2+1)}{dx}$$

$(x^2 + 1)$ を x で微分すると $2x$ になります。この結果を式に代入すると

$$\frac{dg(x)}{dx} = \frac{1}{2} \times (x^2 + 1)^{\frac{1}{2}-1} \times 2x$$

1/2 乗をルートに直し、-1 乗を分数に直すと

$$\frac{dg(x)}{dx} = x \times (x^2 + 1)^{-\frac{1}{2}} = \frac{x}{\sqrt{x^2 + 1}}$$

ルート関数の微分ができました。

Reference

- Black, Fischer, 1972, Capital Market Equilibrium with Restrictive Borrowing, Journal of Business, 45, 3, 444–455.
- Fama, Eugene Francis, 1968, Risk, Return and Equilibrium: Some Clarifying Comments, Journal of Finance, 23, 1, 29–40.
- Hirshleifer, Jack, 1964, Efficient Allocation of Capital in an Uncertain World, American Economic Review, 54, 3, 77–85.
- Lintner, John, 1965, The Valuation of Risk Assets and the Selection of Risky Investments in Stock Portfolios and Capital Budgets, Review of Economics and Statistics, 47, 13–37.
- Modigliani, Franco, and Merton Howard Miller, 1958, Cost of Capital, Corporation Finance and the Theory of Investment, American Economic Review, 48, 3, 261–297.
- Neisser, Hans, 1941, Capital Gains and the Valuation of Capital and Income, Econometrica, 9, 3/4, 198–220.
- Sharpe, William Forsyth, 1964, Capital Asset Prices: A Theory of Market Equilibrium under Condition of Risk, Journal of Finance, 19, 3, 425–442.

Reading List

- Jensen, Michael Cole, 1969, Risk, the Pricing of Capital Assets, and the Evaluation of Investment Portfolios, Journal of Business, 42, 2, 167–247.
- Sharpe, William Forsyth, 1990, Capital Asset Prices: with and without Negative Holdings, Nobel Lecture.
- Varian, Hal, 1993, A Portfolio of Nobel Laureates: Markowitz, Miller and Sharpe, Journal of Economic Perspectives, 7, 1, 159–169.

13　アクティブ運用の成否

図表 13–1 は前章で導き出した証券市場線（SML）です。本章では、この投資のものさしを使って、アクティブ運用がパッシブ運用より有利になるのはどのような場合か考えます。

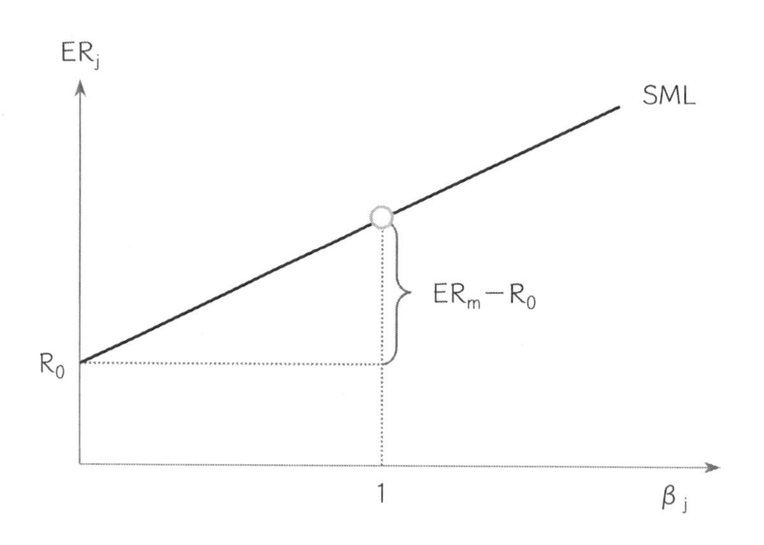

図表 13–1　証券市場線（SML）

13.1　ベータの意味

証券市場線の式にあるベータ（β_j）は何を表しているのでしょうか[*1]。式を β について解くと

$$ER_j = R_0 + \beta_j(ER_M - R_0)$$

$$ER_j - R_0 = \beta_j(ER_M - R_0)$$

[*1] この節ではごく簡易的に説明する。学術的に理解を深めたい読者は専門書を参照のこと。

$$\beta_j = \frac{ER_j - R_0}{ER_M - R_0}$$

無リスク資産の利益率を超える期待利益率を超過リターンといいます。超過リターンという語を用いて式を書き直すと

$$\beta_j = \frac{\text{市場ポートフォリオに組み入れられた株式 } j \text{ の超過リターン}}{\text{市場ポートフォリオの超過リターン}}$$

図表 13–2 は上式を図解したものです。三角形の底辺は上式の分母を、高さは上式の分子を表します。すると、ベータは「株式 j の超過リターンは市場ポートフォリオの超過リターンの何倍か」を表すことがわかります。たとえば、ベータの値が 1.5 であるとき、その株式の超過リターンは、市場ポートフォリオの超過リターンの 1.5 倍になると予想されます。

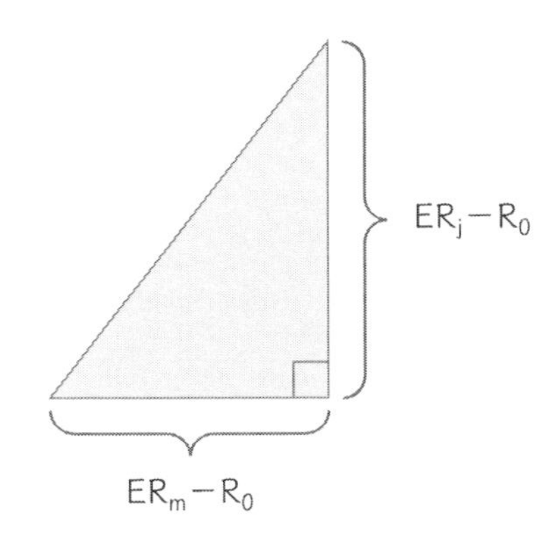

図表 13–2　超過リターンの比率の図形的解釈

一般に、ベータの値と超過リターンは図表 13–3 のように対応します。ベータの値が 1 未満である株式の超過リターンは市場ポートフォリオの超過リターンより低いと予想され、ベータの値が 1 を超える株式の超過リターンは市場ポートフォリオの超過リターンより高いと予想されます。リスクの指標であるベータ値が高くなるにしたがい、投資家が要求するリターン（理論上、これは期待利益率と等しくなります）は高くなります。

$\beta < 1$　市場ポートフォリオより低い超過リターン

$\beta = 1$　市場ポートフォリオと同じ超過リターン

$\beta > 1$　市場ポートフォリオより高い超過リターン

図表 13–3　ベータ値と超過リターンの関係

図表 13–4 はベータ値を例示しています。東京ガスのベータ値は 0.27 です。この値は、投資家が東京ガスの株式に市場ポートフォリオの超過リターンの 3 割弱を要求することを意味します。東証の市場ポートフォリオの超過リターンが 5% であるなら、$5\% \times 0.27 = 0.0135$ という計算から、投資家が東京ガスに求める超過リターンは 1.35% になります。同様に、任天堂のベータ値 0.61 は、投資家が市場の超過リターンの 6 割ほどを任天堂に求めることを意味します。旭化成と商船三井のベータ値は 1 を超えています。これは、投資家がこれらの株式に市場の超過リターンより高い超過リターンを求めることを意味します。投資家は、より大きなリスクを負担するとき（より高いベータ値の株式に投資するとき)、その見返りにより高い超過リターンを求めます。

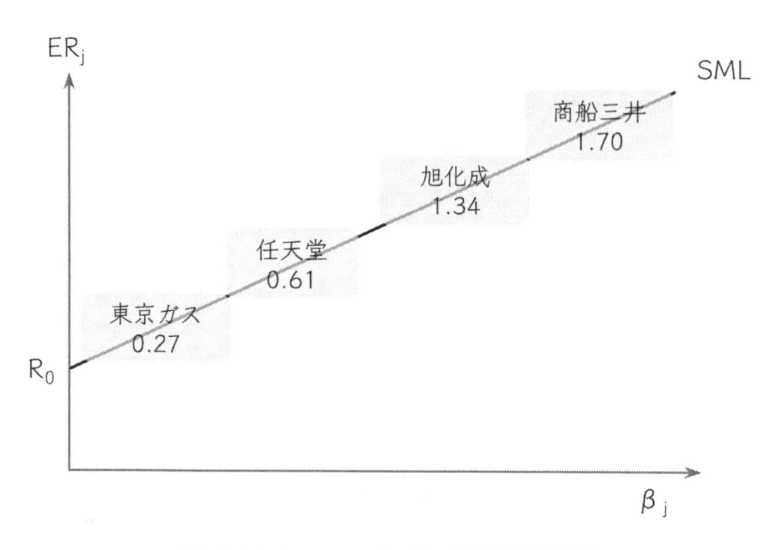

図表 13–4　ベータ値と期待利益率[*2]

13.2　アクティブ運用の成否

証券市場線はアクティブ運用が有利になる条件を示す投資のものさしです。このことを図表 13–5 を用いて説明します。ある株式のベータ値が β_x であるとしましょう。この株式を市場ポートフォリオに組み入れられる株式の 1 つとして保有するとき、期待利益率は点 A の水準になります。これがパッシブ運用をして得られると予想される成果です。

[*2] ベータ値を 2024 年 5 月 25 日に Reuters ウェブサイトから取得し、Perold（2004,p.18）の Figure 4 を参考に作成。ベータ値を学術的に求める手順は一般に散見される簡便法よりはるかに難しい。Black, Jensen and Scholes（1972)、Fama and French（2004）等を参照。

アクティブ運用をすると点 B の成果が得られると予想されているとしましょう。パッシブ運用の成果である点 A との差がアクティブ運用にかかる手間や費用を上回るのであれば、この株式を買うべきです。アクティブ運用をすると点 C の成果が得られると予想されているとしましょう。パッシブ運用の成果である点 A との差がマイナスですので、買う形でアクティブ運用すべきではありません。この株式を保有しているのであれば売るべきです。経験豊富な投資家であれば、この株式を信用売りすべきです。

投資して得られると予想される利益率が SML を十分に上回るときは買う形でアクティブ運用すべきであり、投資して得られると予想される利益率が SML を十分に下回るときは売る形でアクティブ運用すべきです。証券市場線はこのようにアクティブ運用の明確な指針を提供します。

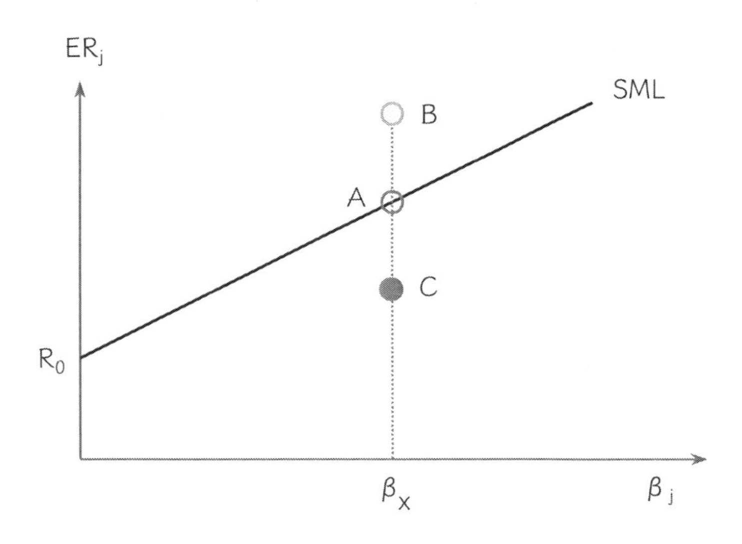

図表 13–5　証券市場線（SML）による投資判断[*3]

13.3　裁定取引

証券市場線（SML）は「リスクとリターンの関係が SML 上にないときにアクティブ運用の利益機会が生じる」ことを示しています。アクティブ運用の利益機会を「市場の歪(ゆが)み」ということがあります。

[*3] French（2008,p.1559）の Figure 3 によれば米国の証券市場でアクティブ運用するのにかかる費用は 0.6% から 0.7% であり、鹿毛訳（2017,p.25）によれば、「平均的なファンドの全コストは年率 3.25%」である。アクティブ運用の利益がパッシブ運用の利益をこれだけ上回るのは容易でない。

市場に歪みが生じると、アクティブ運用をする投資家が殺到します。図表 13–6 の点 B のように市場が歪んでいるのであれば、買い注文が殺到します。買いが殺到すると、株価は上がり期待利益率は下がります。このプロセスは点 B が SML 上の点 A に至るまでつづきます。点 C のように市場が歪んでいるのであれば、売り注文が殺到します。売りが殺到すると、株価は下がり期待利益率は上がります。このプロセスは点 C が SML 上の点 A に至るまでつづきます。

市場にわずかでも歪みが生じると、アクティブ運用の投資家が殺到して市場の歪みは正されます。第 3 章で学んだように、近年はミリ秒単位で注文を出せますので、目にもとまらぬ速さで歪みは修正されます。このような取引のことを裁定取引といいます。裁定取引によって利益機会が瞬時に蒸発することを "no money left on the table" といいます。

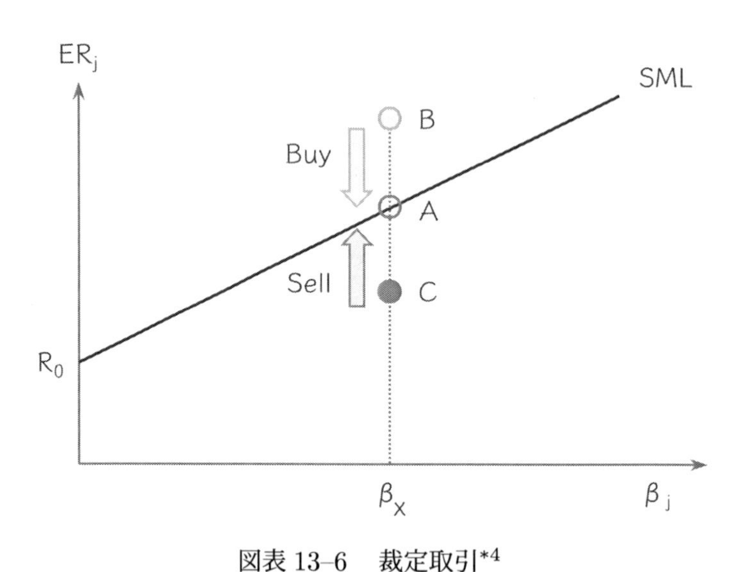

図表 13–6　裁定取引[*4]

SML をものさしに裁定取引をする投資家が増えるにしたがい SML の頑健性は増します。SML の頑健性が高い市場でパッシブ運用を超える成果を上げるのは至難の業です[*5]。

[*4] 裁定取引への言及は、古くは塘訳（1994,p.120）などにみられる。

[*5] 野村アセットマネジメント（2021,p.36）の図表 2–5 から、2010 年から 2019 年までの累積で、アメリカのアクティブ運用ファンドからパッシブ運用ファンドへ 1.5 兆ドルを超える資金移動があったと読み取れる。また、図表 2–6 は、2009 年から 2019 年にかけてアクティブ運用のファンドの市場シェアは 82% から 61% へ低下したことを示している。

Fama（1965,p.37）に「投資家の一部は会社が公表した情報が株式の本質的な価値に与える影響をよりよく分析することができる。また、統計学の分析が得意である。知識に乏しい投資家の売買によって生じる株価の自己相関を利益機会にする賢明な投資家がいることによって、市場はランダムウォークになる」（訳文は筆者）とある。鹿毛訳（2017,p.130）も参照。アクティブ運用の勝率は Standard & Poors ウェブサイトの S&P Indices versus active を参照。

13.4　投資家の堂々めぐり

投資家は利益を求めて株式に投資します。パッシブ運用を超えるリターンを狙う投資家がミリ秒単位で激しく争う市場では、利益機会が見逃されることはまずありません。市場の歪みは瞬時に正されますので、パッシブ運用が最適な投資戦略になります。しかし、バブル崩壊後の日本では、インデックスが下がりつづけたため、パッシブ運用の成果は惨憺たるものでした。投資家の多くは振り出しに戻り、パッシブ運用を超えるリターンを得る方法を模索してきました。私たち一人一人が自らのリスク回避度や知識を見定め、時間と資金を有効に活用できる投資戦略を確立して「優れた投資家」*6になることが求められています。

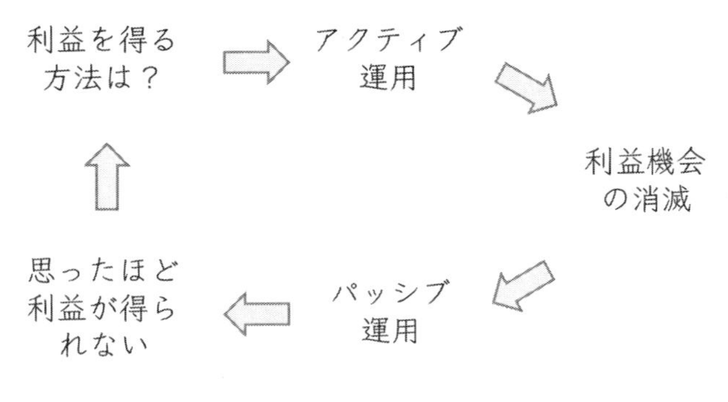

図表 13–7　投資家の堂々巡り*7

ここ 10 年ほど、幸運にも良好な投資環境が続き、政府も本格的に投資を後押ししています。これは大変好ましいことです。しかし、今後どうなるかは誰にもわかりません。晴れの日があれば嵐の日もあるでしょう。本書が嵐をたくましく乗り越える指針の一つになれば幸いです*8。

---

*6 Fama（1965,p.40）の "superior trader" を和訳して引用。

*7 HYIP（High Yield Investment Program）という高利回り投資を勧める宣伝がネット上にあふれているが、途方もないリターンの裏には必ず大きなリスクが潜んでいることを銘記すべきである。史上最大のポンジ・スキームといわれるマドフ事件については鹿毛訳（2017,pp.184–185）を参照。

*8 2024 年 7 月下旬から 8 月初旬の 10 日ほどの間に、日経平均株価は 40,000 円水準から 35,000 水準へ下落した。こうした局面を事前に察知する感性と、乗り越えられる知識を身につけていただければ幸いである。前回日本銀行が利上げに踏み切った 2006 年 7 月 14 日から 2 年、2008 年 9 月 15 日にリーマンショック（米国の金融危機に端を発した世界的な大不況）が生じた。2026 年夏頃まで、金融経済の情勢を注視したい。

補論　GPIF

証券市場に「クジラ」がいるといわれることがあります。クジラとは、巨額の資金を運用する投資家のことです[*9]。GPIF はクジラの群れの中でもひときわ大きな存在です。また、この機関の運用成績は私たちの生活に直接、間接に大きな影響を及ぼします。本書の終わりに、この機関の運用状況をみることにします。

Government Pension Investment Fund（GPIF）とは、年金積立金管理運用独立行政法人のことです。この法人は、国民年金と厚生年金の積立金を運用していた年金資金運用基金が 2006 年に独立行政法人になったものです[*10]。年金は、現役世代が納めた保険料を高齢者に給付するのが原則です。しかし、高齢化が進む中で給付の全額を保険料でまかなうことはできず、税金と GPIF の運用益も給付の財源とされています。現在のところ、GPIF の運用益は大きな貢献をしていませんが、今後は役割が増してくると考えられます[*11]。

図表 13–8 は 2023 年 3 月末の運用資産を表しています。図中の「Passive」はパッシブ運用をしている資産の額、「Active」はアクティブ運用をしている資産の額です。資金は 4 部門におおよそ同額ずつ配分され、パッシブ運用が大半を占めていることがわかります。

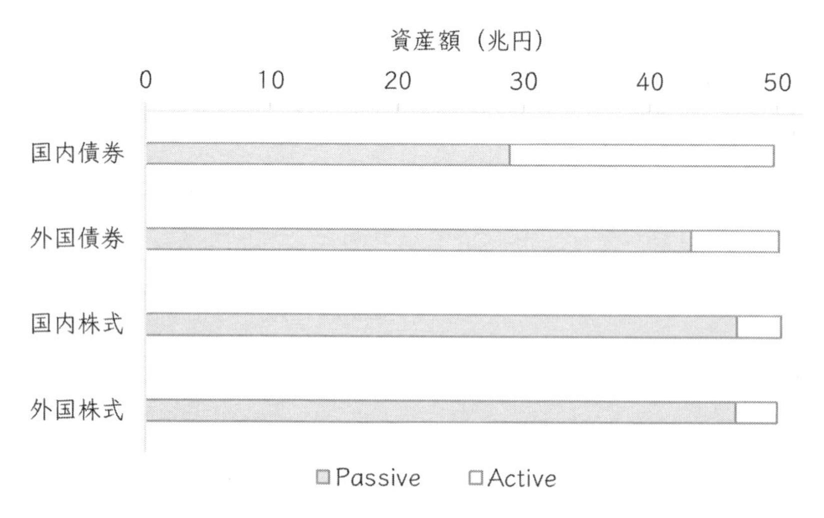

図表 13–8　GPIF の運用資産（2023 年 3 月末）[*12]

[*9] GPIF、日本銀行、3 共済、ゆうちょ、簡保を俗に 5 頭のクジラという。

[*10] 年金積立金管理運用独立行政法人法 3 条を参照。

[*11] 本来は年金給付のために積み立てられた GPIF の資産を先に取り崩すべきと思われるが、赤字国債発行によって得た資金が給付にあてられている。

[*12] 年金積立金管理運用独立行政法人（2023）からデータを取得し作成。これが本書執筆時点の最新データであった。

図表 13–9 は資産額のうち国内証券の内訳です。GPIF は 2023 年 3 月末時点で延べ 4,806 銘柄、47 兆円分の国内債券を保有していました。このうち額が最も多いのは日本国債であり、40 兆円分を保有していました[*13]。左図は日本国債を除く国内債券を保有額が多い順に表しています。内訳をみると国庫短期証券や住宅金融公庫など公共的色彩の強い法人が発行した債券が多いことがわかります。日本国債とこれらの債券を合わせた保有額は国内債券全保有額の 9 割を占めます。

GPIF は 2023 年 3 月末時点で 2,312 銘柄、50 兆円分の国内株式を保有していました。右図は国内株式を保有額が多い順に表しています。東京証券取引所の時価総額上位銘柄が名を連ねています。これらの銘柄を合わせた保有額は国内株式全保有額の 2 割ほどを占めます。

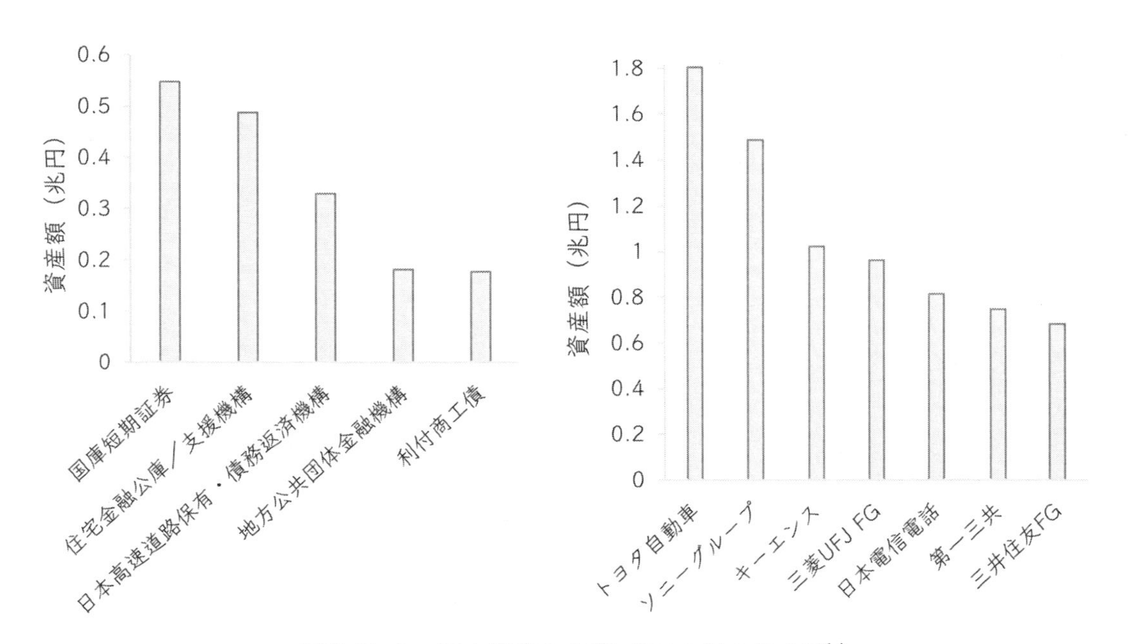

図表 13–9　国内資産の内訳（2023 年 3 月末）[*14]

図表 13–10 は GPIF が保有していた外国証券の内訳を表しています。GPIF は 2023 年 3 月末時点で延べ 6,051 銘柄、50 兆円の外国債券を保有していました。このうち額が最も多いのは左図が示すように米国の長期国債であり、21 兆円分を保有していました。

GPIF は 2023 年 3 月末時点で 3,366 銘柄、49 兆円分の外国株式を保有していました。右図は外国株式を保有額が多い順に表しています。Apple、Microsoft、Amazon、NVIDIA、Alphabet (Google)、TESLA など、米国を本拠とするグローバル企業が並んでいます。

---

*13 金額は同一種類の債券を合計したものである（国債であれば複数回号の保有総額）。

*14 年金積立金管理運用独立行政法人（2023）からデータを取得し作成。左図の債券は代表的な発行元を、複数の回号を大括りにまとめて示している。なお、元データはすべての回号の債券を一覧表形式で掲げた膨大なものであることから集計がとても難しい。この点留意する。

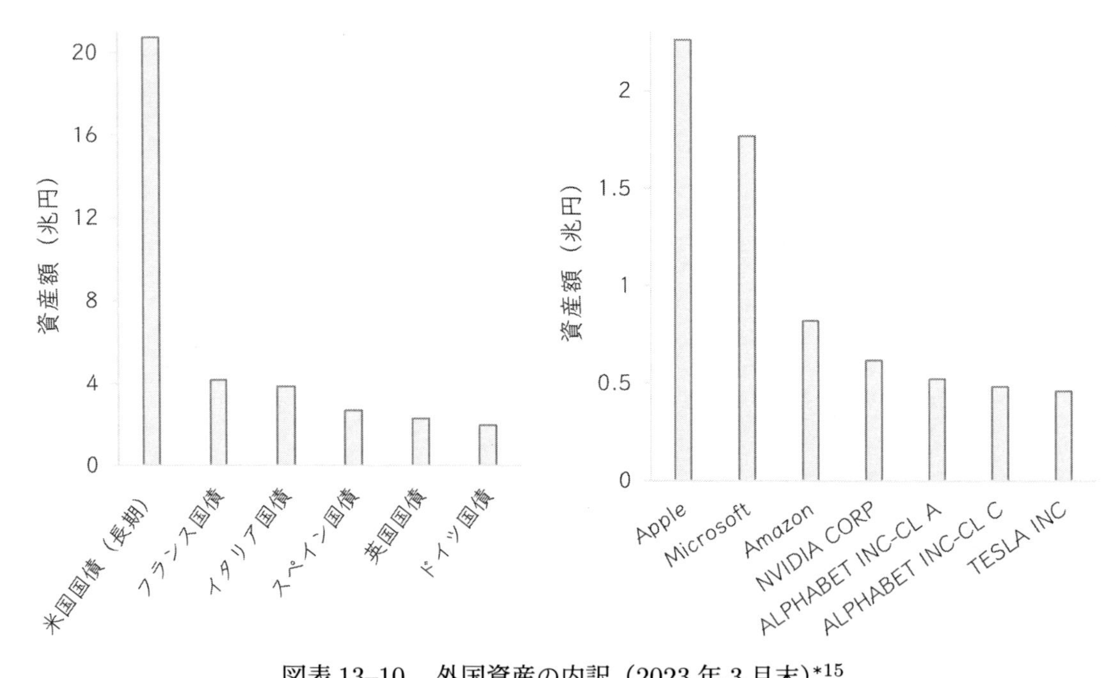

図表 13–10　外国資産の内訳（2023 年 3 月末）*15

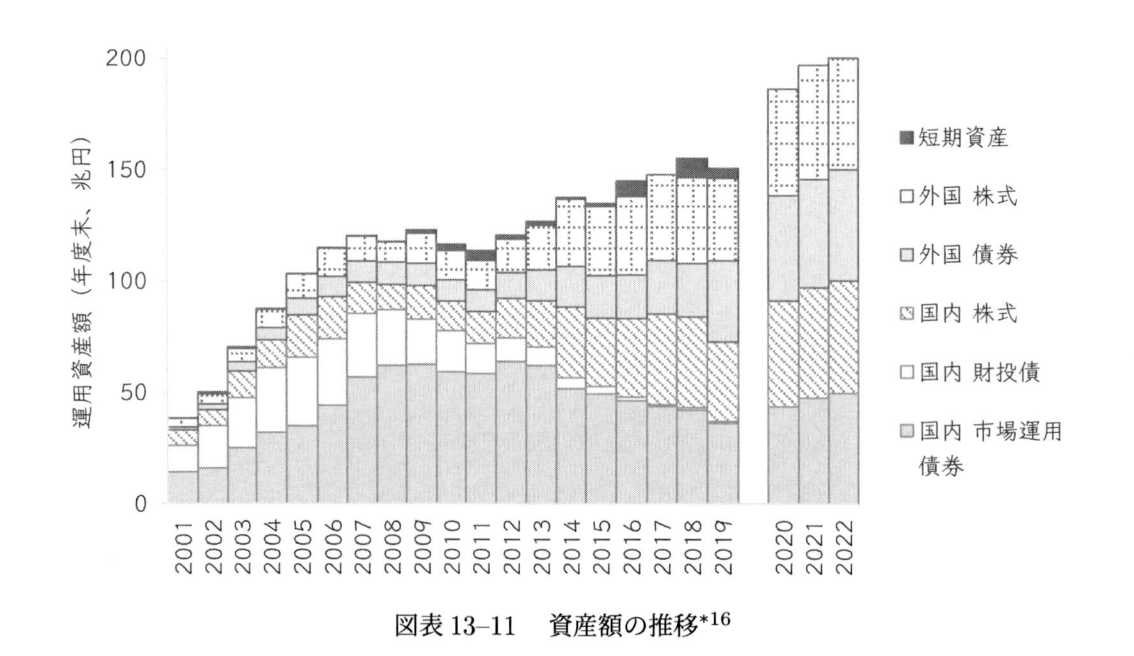

図表 13–11　資産額の推移*16

*15 年金積立金管理運用独立行政法人, 管理・運用状況, 運用状況からデータを取得し作成。左図の債券は代表的な発行元を、複数の回号を大括りにまとめて示している。図表 13–9 と同様、こちらのデータも同一発行体の複数回号を集計するのに注意を要する元データである。

*16 年金積立金管理運用独立行政法人, 管理・運用状況, 運用状況からデータを取得し作成。2020 年にデータの区分が変更されたため、2019 年までと 2020 年からのデータは直接接続しないことに留意する。

図表 13–11 は年金資金運用基金および年金積立金管理運用独立行政法人の運用資産額を表しています。2001 年から 2007 年まで資産額が増えていますが、これは年金特別会計で管理されていた積立金が段階的に移管されてきたためです[*17]。また、2007 年頃から財投債の保有額が減ってきていますが、これは段階的に実施された財政投融資の改革によって、GPIF の自主運用が制度化されたことによります[*18]。年金積立金は 200 兆円規模で国内外の証券に投資されています。そのうち 100 兆円ほどは国内外の株式に投資されています。「株式投資はリスクが高いので嫌だ」と言いましても、現実問題、私たちは株式投資と無縁でいられないようです。

[*17] 厚生労働省, 年金積立金の運用状況について（平成 28 年 10 月）の図表 2–9 を参照。

[*18] 財務省, よくあるご質問, 財政投融資, 郵貯・年金のお金はまだ財政投融資に使われていますか を参照。年金積立金管理運用独立行政法人（2023,p.113）に、財投債への投資は 2020 年度で終了した旨が記されている。

Reference

- 年金積立金管理運用独立行政法人『2022 年度 業務概況書』2023 年。
- 野村アセットマネジメント編『ETF 大全』日経 BP マーケティング, 2021 年。
- Böhm-Bawerk, Eugen von 著, 塘茂樹訳『国民経済学 ―ボェーム・バヴェルク初期講義録―』嵯峨野書院, 1994 年。
- Ellis, Charles D. 著, 鹿毛雄二訳『敗者のゲーム』原著第 6 版, 日本経済新聞出版社, 2017 年。
- Black, Fischer, Michael Cole Jensen, and Myron Scholes, 1972, The Capital Asset Pricing Model: Some Empirical Tests, in Michael Cole Jensen, Studies in the Theory of Capital Markets, Praeger Publishers.
- Fama, Eugene Francis, 1965, The Behavior of Stock-Market Prices, Journal of Business, 38, 1, 34–105.
- Fama, Eugene Francis, and Kenneth Ronald French, 2004, The Capital Asset Pricing Model: Theory and Evidence, Journal of Economic Perspectives, 18, 3, 25–46.
- French, Kenneth Ronald, 2008, Presidential Address: The Cost of Active Investing, Journal of Finance, 63, 4, 1537–1573.
- Perold, André F., 2004, The Capital Asset Pricing Model, Journal of Economic Perspectives, 18, 3, 3–24.

Reading List

- 会計検査院『年金積立金（厚生年金及び国民年金）の管理運用に係る契約の状況等に関する会計検査の結果についての報告書（要旨）』2012 年。
- 金融庁金融審議会『市場ワーキング・グループ報告～国民の安定的な資産形成に向けた取組みと市場・取引所を巡る制度整備について～』2016 年。
- 厚生労働省『年金制度のポイント』2022 年度版。
- 厚生労働省年金局『GPIF 関係』第 34 回社会保障審議会年金部会, 2016 年。
- 平山賢一『日銀 ETF 問題 ―《最大株主化》の実態とその出口戦略―』中央経済社, 2021 年。
- 根岸隆史『GPIF ―年金積立金の運用見直し―』立法と調査, 369, 60–79, 2015 年。
- Lukomnik, Jon, and James P. Hawley 著, 松岡真宏監訳・月沢李歌子『「良い投資」と β アクティビズム ―MPT ポートフォリオ理論を超えて―』日経 BP, 2022 年。
- Cohen, Randolph Baer, Christopher Polk, and Tuomo Vuolteenaho, 2009, The Price is (Almost) Right, Journal of Finance, 64, 6, 2739–2782.
- Fama, Eugene Francis, 1991, Efficient Capital Markets: II, Journal of Finance, 46, 5, 1575–1617.
- Fama, Eugene Francis, 2014, Two Pillars of Asset Pricing, American Economic Review, 104, 6, 1467–1485.
- Sharpe, William Forsyth, 1970, Efficient Capital Markets: A Review of Theory and Empirical Work: Discussion, Journal of Finance, 25, 2, 418–420.

おわりに

投資で大きな成功を収めた経済学者ケインズは、次のように記しています。

「市場心理を予測する活動に投機という語を充て、資産の耐用期間をつうじた見込収益を予測する活動に企業という語を充てて差し支えなければ、投機が企業を圧倒することが常であるはずがない。しかしながら、投資市場の機構が整備されるにつれ、投機が圧倒するリスクは高まる」[*1]

「投機家は、企業の滔々とした流れに浮かぶバブルであるなら無害である。しかし、企業が投機の渦に浮かぶバブルになってしまうと事態は深刻である。国富を築き上げる営みがカジノの賭け事の副産物になってしまえば、それは不首尾に終わるであろう」[*2]

悲喜こもごもが劇的に映し出される株式市場を目の当たりにすると、株式投資は忌避すべきものと感じるのもやむを得ません。しかし、株式を発行して資金を調達する株式会社が私たちに働く場を与え、私たちに有益な財貨やサービスを提供していることも否定できません。

「市場は私欲を公共善に浄化する」という逆説が本当に成り立つのか、ひきつづき研究を進めていきたいと思います[*3]。

[*1] Keynes, John Maynard, 1936, The General Theory of Employment, Interest and Money, reprinted in the Collected Writings of John Maynard Keynes, vol.VII, 2013, p.158 から引用（訳文は筆者）。

[*2] Keynes, John Maynard, 1936, The General Theory of Employment, Interest and Money, reprinted in the Collected Writings of John Maynard Keynes, vol.VII, 2013, p.159 から引用（訳文は筆者）。

[*3] Lewis, Michael 著, 渡会圭子・東江一紀訳『フラッシュ・ボーイズ ―10 億分の 1 秒の男たち―』文藝春秋, 2019 年, pp.382–383 に「金融市場に付けこむことによって金が生み出されるならば、ますます多くの人たちが金融市場に付けこもうとする。そしてそのような人生の意味について、現実離れした物語を作り上げて自分を納得させようとするのだ」とあり、p.270 に「ぼくは理想主義者なんかじゃないけれど、この世にいられる時間は限られているだろう。二十年後に振り返って、誇れるような人生ではなかったなんて思いたくないからね」とある。

索引

【著者略歴】

氏名　　佐々木　浩二(ささき　こうじ)
所属　　専修大学経営学部
学位　　School of Economics, Mathematics and Statistics, Birkbeck College, University of London, Doctor of Philosophy(2004年)

株式投資　―理論と実際―

2024年 9月10日　　初版発行

著 者　**佐々木　浩二**

発行所　株式会社　三恵社
〒462-0056　愛知県名古屋市北区中丸町2-24-1
TEL 052(915)5211
FAX 052(915)5019
URL http://www.sankeisha.com

乱丁・落丁の場合はお取替えいたします。
ISBN978-4-86693-985-8 C3033